KB133473

노후행복레시피

노후 행복 레시피

행복한 미래를 꿈꾸는 모든 사람을 위한 인생설계서

박용주, 한국노인인력개발원 지음

중앙books
JoongAng Ilbo

·

행복한 노후,
그 황금 레시피를 찾아서

·

2011년에 개봉한 영화 〈인 타임(In Time)〉은 삶에 필요한 모든 것을 시간으로 계산하는 특별한 세상을 그리고 있습니다. 이곳에서는 자신에게 주어진 시간 중 4분을 주면 커피 한 잔을 마실 수 있고, 59년을 주면 멋진 스포츠카를 살 수가 있습니다. 음식이며 옷이며 교통비며 집세며 모든 비용을 시간으로 계산하지요. 그러나 주어진 시간을 모두 소진하고 나면 그 즉시 심장마비로 죽음에 이르게 됩니다. 때문에 이곳에 사는 가난한 사람들은 하루를 겨우 버틸 수 있는 시간을 벌기 위해 일을 하고, 이마저도 여의치 않으면 다른 사람에게 시간을 빌리거나 훔치기도 합니다. 반면 부자들은 어마어마한 시간을 소유하며 영생에 가까운 삶을 누리지요.

이 영화는 시간의 중요성에 대해 이야기합니다. 시간은 그 무엇보다 소중하고 가치 있는 것이니 결코 허비하지 말라고 말이지요. 그런데 이러한 시간이 공포와 두려움의 존재가 된다면 어떨까요? 분명 1분 1초, 하루하루가 고통의 연속일 것입니다. 그런데 실제로 우리는 곧 소중하고 귀하게 여겨졌던 시간이 공포와 재앙이 될 수 있는 세상과 마주하게 됩니다. 그 세상은 바로 '세대 전체가 100세까지 사는 시대'입니다.

불과 몇십 년 전까지만 해도 평균 수명 100세 시대는 인간이 막연하게 동경하던 삶이었습니다. 그만큼 100세까지 산다는 것은 이루기 힘든 꿈같은 이야기였지요. 그러나 평균 수명 연장으로 100세까지 사는 일이 얼마든지 가능한 일이 되자, 사람들은 그것이 결코 축복일 수만은 없다는 사실을 자각하게 되었습니다. 100세까지 사는 인생이 축복이 되려면 기나긴 시간을 열심히 살아야 하는데, 지금까지 사느라 지쳐 그럴 여력도 없는 데다 갑자기 주어진 보너스 같은 시간을 어떻게 꾸려 나가야 할지 막막하기 때문입니다.

그러나 두 손 놓고 있을 수만은 없습니다. 현역 시절, 직장을 다니던 시절이 아니라 은퇴 후 삶의 질이 전체 인생의 질을 좌우하는 상황이 되었습니다. 인생의 전반전, 즉 인생 1막을 잘 살았다고 해도 인생의 후반전, 인생 2막을 잘 살 수 있으리란 보장이 없으니까요. 평균 수명이 늘어났다는 것은 단순히 양적으로 우리가 살아야 할 시간이 늘어났다는 것을 의미하지 않습니다. 퇴직 후에도 30~40년의 새로운 시대를 살아야 하므로 삶의 변화가 찾아옵니다.

평균 수명이 그리 길지 않았던 시절에는 공부해서 취업하고 퇴직하는 삶이 일반적이었습니다. 그러나 100세 장수시대에는 공부하고 취업하고 퇴직 후 다시 공부해서 재취업해야 하는 삶의 변화가 찾아옵니다. 평균 수명 연장으로 부모와 자식이 함께 늙어가기 때문에 현실적으로 자식에게 노후를 의탁할 수 없는 환경에 놓이게 되지요. 즉, 평균 수명의 연장으로 우리는 이전 세대와는 전혀 다른 후반 인생을 보낼 수밖에 없습니다. 따라서 그 준비 또한 달라져야 성공적인 후반 인생을 기대할 수 있습니다.

이 책은 바로 이에 관한 이야기입니다. 자신만의 노후행복 레시피를 찾아 행복한 후반 인생을 보내고 있는 10명의 삶을 통해 늘어난 인생을 어떻게 살아야 할지 막막함과 두려움을 느끼는 사람들에게 조금이나마 도움을 주고자 이 책을 만들었습니다. 재취업, 자원봉사, 취미 등 각 분야별로 노후를 행복하게 보내고 계신 10명의 인터뷰를 접하면서, 그분들의 삶의 자세와 나이듦에 대한 혜안에 깊은 감명을 받았습니다. 무엇보다 '나도 당신처럼 살고 싶다'는 강한 의지가 솟았습니다. 이분들의 삶을 통해 노후를 행복하게 보내는 답을 찾았기 때문입니다.

이 책을 읽는 모든 분들이 저와 같은 울림을 얻길 기대하면서, 이 책에 담긴 내용들을 참고하여 후반 인생을 설계하고 충실히 살아간 다면 정신적으로든 물질적으로든 행복한 후반 인생을 만들어나가는 데 많은 도움이 될 것이라고 생각합니다.

지금 우리는 요리하는 주방 환경도 바뀌고, 조리 도구도 바뀌고, 식재료도 바뀐 상황에서 맛있는 음식을 만들어야 하는 요리사와 같은 상황에 놓여 있습니다. 그러나 진정한 고수는 도구 탓을 하지 않습니다. 나를 둘러싼 상황이 어떠하든 행복한 노후를 만들 수 있는 방법을 찾아내면 인생의 진정한 승리자가 될 수 있습니다. 따라서 막연하고 두렵다고 주저하지 말고 이 책을 디딤돌 삼아 후반 인생에 대한 준비를 하나씩, 차근차근 해나가십시오. 너무 늦었다고 생각할 때가 가장 빠르다는 말이 있듯 지금부터 후반 인생을 계획하고, 그 계획에 따라 자신에게 주어진 삶을 충실히 살아간다면 오래 사는 삶이 그리 두렵지 않을 것입니다.

한국노인인력개발원 원장

박용주

목
차

3부

누구나 할 수 있다!
행복한 노후를 위한 인생 설계

1부

늘어난 삶,
인생의 모든 게
달라져야 한다

호모 헌드레드,
신인류의 등장

　　　　　　　　　　　　　　　'김수한무 거북이와 두루미 삼천갑
자 동방삭.'

　한 번쯤 이 말을 들어봤을 것입니다. 이미 알고 있는 이도 있겠지
만 이 말은 옛이야기에 등장하는 한 사내아이의 이름입니다. 다소
황당하고 우습게 들릴 수도 있지만 이 이름에는 자식이 오래 살기를
바라는 한 아비의 애틋한 마음이 담겨 있습니다. 우여곡절 끝에 어
렵게 자식을 얻은 이 사내아이의 아비는 목숨에 한계가 없다는 뜻의
'수한무(壽限無)'와 불로장생(不老長生)을 상징하는 십장생의 하나인 거북
이와 두루미, 중국 한나라 때 갑자년을 3,000번 겪으며 무려 18만 년
을 살았다는 '동방삭'이라는 사람의 이름을 길게 이어 붙인 이름을

지어 자식의 무병장수를 빌었습니다.

죽지 않고 오래 살기 위해 많은 시간과 돈을 탕진했던 진시황은 몇 살까지 살았을까요? 놀랍게도 '겨우' 49세에 세상을 떠났습니다. 노화로 생을 마감했다는 둥, 수은 중독으로 코가 썩고 정신병이 생겨 폭정을 일삼다 최측근 경호무사들에게 죽임을 당했다는 둥, 지방을 순방하던 중 병으로 죽었다는 둥 여러 소문들이 남아 있지만 이에 대한 진위 여부가 확실하게 밝혀지지 않았기 때문에 진시황의 사인을 단정 지어 말할 순 없습니다.

그러나 한 가지 분명한 사실은 진시황이 아직 한창 나이인 49세에 세상을 떠났다는 것입니다. 기록에 따르면 중국의 경우 대륙의 패권을 차지하기 위해 전쟁이 끊이지 않았던 춘추전국시대(평균 수명 약 30세 추정)를 제외하고 평균 수명이 대략 45세 정도였다고 합니다. 진시황은 550여 년간 이어졌던 춘추전국시대를 통일하고 최초로 중국을 통일한 인물이므로 그 당시 평균 수명과 비교하면 그리 적게 살았다고 보기 어렵지요.

우리나라의 경우는 어떨까요?《조선왕조실록》에 따르면 태조(74세), 정종(63세), 광해군(67세), 영조(83세), 고종(68세)만 환갑을 지냈을 뿐 조선 국왕 총 27명의 평균 수명은 46세 정도였다고 합니다. 조선 최고의 특권 계층인 국왕이 평균 46세를 살았으니 일반 백성들의 평균 수명 또한 이보다 덜하면 덜했지 높지 않았으리라는 것을 어느 정도 짐작할 수 있습니다.

일제 강점기와 8·15 해방, 6·25 전쟁 등으로 인해 정치적·사회적으로 혼란하고 경제적으로 궁핍했던 시대의 평균 수명도 그리 높지 않았습니다. 인하대 구자홍 명예교수가 일제 강점기 때 경성대 의학부 예방의학 교실 미즈시마 하루오 교수가 작성한 생명표를 분석했습니다. 일제 강점기였던 1926~1930년 당시 우리나라 여성의 평균 수명은 고작 35.1세에 불과했다고 합니다. 그 이후로 해방을 맞이한 1945년은 47세, 6·25 전쟁 이후 1956년에 집계된 평균 수명은 42세, 1960년은 남자 51세, 여자 54세, 1970년은 남자 58.6세, 여자 65.5세, 1980년은 남자 61.7세, 여자 70.0세였습니다.

굳이 기록을 들춰보지 않더라도 40대 중후반 이상의 사람들은 어린 시절의 기억을 더듬어보면 그 당시 평균 수명이 그리 길지 않았던 것을 알 수 있습니다. 그 시절만 해도 61세가 되면 장수를 축하하며 환갑잔치를 크게 열었으니까요. 그러나 지금은 환갑잔치를 하면 "요즘 시대에 무슨 환갑잔치냐? 가족이랑 밥 한 끼 먹으면 그만이지"라는 반응을 보일 정도로 수명이 크게 늘어났습니다. 통계청에 의하면 2015년 기준 한국인의 기대수명은 81.7세로 평균 수명이 50세 초반에 불과했던 1960년과 비교하면 우리나라 사람들은 50년 사이에 무려 30년 정도를 더 살게 된 것이지요.

　다른 나라도 마찬가지입니다. 중세 유럽인들의 평균 수명은 고작 30세 정도였습니다. 그러다가 20세기 들어 산업화가 진행되면서 평균 수명이 30년 이상 크게 늘어났습니다. 물론 산업화가 진행되어 경제가 발전하고 소득이 증가한 나라에 국한된 얘기이지만 다른 나라 역시 평균 수명이 70세 이상을 상회하게 된 때가 얼마 되지 않았습니다. 여전히 경제 발전이 더디고 국민소득이 낮은 나라는 평균 수명이 매우 낮습니다.

　때문에 일각에서는 인간의 수명과 국민소득이 밀접한 관련이 있다고 주장합니다. 다시 말해 돈이 많은 사람이 더 오래 산다는 얘기이지요. 실제로 우리나라 역시 산업화로 국민소득이 증가하면서 평균 수명이 두드러지게 늘어났고, 건강보험 가입자 100만 명을 대상으로 조사한 한 국내 연구 결과에 의하면 소득이 높은 사람이 그렇지 않은 사람보다 더 오래 사는 것으로 나타났습니다.

　그런데 인간이 오래 살게 된 이유를 돈만으로 전부 설명할 수 있을까요? 분명 경제적 요인이 인간의 수명 연장의 꿈을 실현하는 데 많은 기여를 했지만 단 한 가지 요인으로 인간이 오래 사는 삶을 누리게 되었다고 말할 수는 없습니다. 그 논리대로라면 가난한 사람은 모두 일찍 세상을 떠나야 하니까요.

한국인의 기대수명

(단위 : 세)

연도	기대수명 1)			차이(여-남)
	전체	남	여	
1970	61.9	58.7	65.6	6.9
1975	63.8	60.2	67.9	7.7
1980	65.7	61.8	70.0	8.3
1985	68.4	64.4	72.8	8.4
1990	71.3	67.3	75.5	8.2
1995	73.5	69.6	77.4	7.8
2000	76.0	72.3	79.6	7.3
2005	78.6	75.1	81.9	6.8
2010	80.8	77.2	84.1	6.9
2014	81.5	78.0	84.8	6.8
2015	81.7	78.2	85.0	6.8
2020	82.6	79.3	85.7	6.4
2025	83.5	80.4	86.4	6.0
2030	84.3	81.4	87.0	5.5
2040	86.0	83.4	88.2	4.8
2050	87.4	85.1	89.3	4.2
2060	88.6	86.6	90.3	3.7

※주1) : 기대수명 : 0세 출생자가 향후 생존할 것으로 기대되는 평균 생존연수로서 '0세의 기대수명'을 말함.
※참고 : 2010년까지는 확정인구이며, 2010년 이후는 다음 인구 추계 시 변경될 수 있음.
※자료 : 통계청, 〈장래인구추계〉, 2011.

유엔이 2009년에 작성한 〈세계인구 고령화 보고서〉에 따르면 의료기술과 생활수준 등의 발달로 2000년에는 평균 수명이 80세를 넘는 국가가 6개국에 지나지 않았던 것이 2020년에는 31개국으로 급증할 것으로 예측했습니다. 그리고 이를 '호모 헌드레드 시대(homo-hundred)'라고 정의했습니다. 여기서 호모 헌드레드란 현 인류 조상인 '호모 사피엔스'에 빗대어 나온 용어로, 보편적으로 100세까지 사는 장수시대의 인간을 지칭합니다.

우리나라의 경우도 평균 수명이 빠르게 증가하고 있어 100세 생일을 맞는 사람들이 특별한 뉴스거리가 되지 못하는 시대가 멀지 않았습니다. 믿겨지지 않는다고요? 지난 2015년 10월 말 기준(행정자치부 주민등록 인구통계) 100세 이상 노인 인구는 16,073명입니다. 2008년 같은 달 2,325명이던 100세 이상 인구가 불과 7년 만에 6.9배 이상 증가했습니다. 급속한 고령화 추세에 따라 100세를 실현한 사람들이 이렇게 늘어나고 있습니다. 이런데도 아직도 믿겨지지 않습니까?

새로운 인생 시간표가
필요하다

당나라 시대 최고 시인으로 손꼽히는 두보(杜甫)의 '곡강이수(曲江二首)'라는 시의 둘째 수를 보면 '인생칠십고래희(人生七十古來稀)'라는 유명한 구절이 나옵니다. 예로부터 사람이 칠십을 사는 것은 드문 일이었다는 뜻으로, 70세를 일컫는 고희라는 단어는 바로 이 구절에서 유래되었습니다. 그러나 100세 시대를 목전에 둔 지금, 인생칠십고래희는 이제 아득한 옛말이 되었습니다.

지금 70세는 나이가 많다고 어디서 명함도 내밀지 못할 정도로 수명이 길어졌습니다. 그로 인해 많은 변화가 생기고 변화를 받아들여야 하는 때가 되었습니다. 그중 하나가 '인생주기(Life Cycle)'입니다. 인생주기란 사람이 태어나서 죽을 때까지 거치는 과정을 몇 단계로 나

눈 것으로, 쉽게 말하면 '인생 구조' 또는 '인생 시간표'라고 할 수 있습니다.

평균 수명이 짧았던 과거에는 인생주기가 아주 단순했습니다.

한 집에서 사내아이가 태어났습니다. 무럭무럭 자라 12세가 된 사내아이는 세 살 많은 여자와 혼인을 하여 16세에 딸을 낳았고, 31세에 사위를 보았으며, 33세에 할아버지가 되었습니다.

12세에 결혼을 하고 33세에 할아버지가 되다니, 지금으로서는 상상도 할 수 없는 일입니다. 하지만 평균 수명이 짧아 조금이라도 빨리 후손을 보는 것이 중요했던 조선시대에는 이런 일이 그리 드문 일이 아니었습니다. 학자들이 혼인을 앞두고 신랑과 신부 사이에 주고받는 일종의 혼인 증빙문서라고 할 수 있는 '혼서(婚書)'를 분석한 결과, 조선시대에는 자식을 빨리 얻기 위해 남편보다 아내가 연상인 경우가 많았고, 대부분 10대 초중반에 결혼을 했던 것으로 나타났습니다. 따라서 조선시대 사람들의 인생주기는 대체로 이러했을 것이라고 추정할 수 있습니다.

> 유소아기 → 성년기 → 노년기

이른 나이에 결혼을 했던 조선시대 사람들의 인생주기는 유소아기에서 곧장 성년기로 들어선 뒤 노년기를 거쳐 생을 마감하는 아주 단순한 인생 구조를 가지고 있었습니다. 그리고 이러한 인생 시간표대로 살아가는 데 별 문제가 없었습니다. 왜냐하면 그만큼 수명이 짧았으니까요. 그러나 지금은 이러한 인생주기를 유지하기가 매우 어려워졌습니다. 과거처럼 단순한 구조로 살기에는 우리에게 주어진 인생이 너무도 길어졌습니다.

장수시대에 맞는 인생주기가 필요하고, 이러한 흐름에 발맞춰 많은 학자들이 100세 장수시대에 맞는 인생주기를 연구하기 시작했습니다. 그중 가장 주목을 받고 있는 것이 미국의 사회학자 윌리엄 새들러가 제시한 인생주기입니다. 그는 인생주기를 제1기 인생, 제2기 인생, 제3기 인생, 제4기 인생까지 4단계로 나누고, 이 중 '제3기 인생'을 특별히 강조했습니다.

제3기 인생은 과거의 인생 구조에는 존재하지 않았던 새롭게 등장한 시기입니다. 인간의 수명이 연장되면서 생겨났기 때문입니다. 윌리엄 새들러는 제3기 인생이 과거와는 근본적으로 다른 시기로서, 평균 수명이 연장되어 점차 고령화 사회가 되어 가는 현대사회에서 이 시기를 어떻게 보내느냐가 매우 중요하다고 말했습니다. 즉, 제3기 인생을 삶의 한복판에 위치한 가장 중요한 시기, 100세 장수시대를 '잘' 사느냐 마느냐를 좌우하는 시기로 보았던 것이지요. 실제로 유럽 국가, 미국, 캐나다, 호주 등의 선진국에서는 제3기 인생을 중요하게 생각하여 이 시기에 해당하는 사람들을 교육하는 기관을 '제3기 인생 대학(University of the Third Age(U3A)'이라고 부르고, 대학교에서도 제3기 인생 대학 프로그램을 시행하고 있습니다.

새로운 인생 시간표를 준비하라

그렇다면 제3기 인생은 연령으로 따지면 언제쯤일까요?

제1기 인생은 출생 후 사회에서 직업을 얻기 위해 교육을 마치는, 10대에서 20대 초반 정도까지로 봅니다. 제2기 인생은 직장을 잡고 경제활동을 하며 가정을 이루는 20~30대, 제3기 인생은 건강하게 지내면서 2차 배움과 성장을 통해 자기실현을 추구하는 40세 이후에서 70대 중후반까지입니다. 제4기 인생은 자립할 수 없는 시기를 뜻합니다. 40대 이후 건강하게 지내다가 신체적·정신적으로 쇠약해지고 병들어 혼자의 힘으로 생활하기 어려워지는, 즉 삶을 마무리하고 늙어가는 시기라고 할 수 있습니다.

결국 제3기 인생은 청년기와 노년기 사이에 존재하는 '중년기'라고 볼 수 있으며, 학자들은 이 시기가 100세 장수시대의 인생 시간표에서 가장 기나긴 시간을 차지하며 평균 수명이 길어질수록 이 시기가 더욱 연장될 것으로 전망하고 있습니다.

100미터 단거리, 1,500미터 중거리, 42.195킬로미터 마라톤 경기에서 좋은 성적을 올리기 위해서는 경기마다 전략을 달리해야 합니다. 단거리 경기는 시작부터 빠른 속도로 달려야 합니다. 짧지도 그렇다고 길지도 않은 중거리 경기는 빨리 달리면서도 경기를 마칠 때까지 체력이 떨어지지 않도록 조절을 잘해야 합니다. 마라톤은 지구력의 한계를 시험하는 장거리 종목인 만큼 페이스 조절이 무엇보다 중요합니다.

우리네 삶도 마찬가지입니다. 내가 달려야 할 인생이 얼마나 먼 거리를 달려야 하는 구조인지 파악하고, 그에 맞는 전략을 세워야 인생을 잘 살 수 있습니다. 평균 수명 연장으로 우리가 살아야 할 시간은 단거리, 중거리에서 마라톤으로 바뀌었는데 과거의 방식대로 단거리, 중거리 경기의 전략을 계속 사용하면 인생살이가 고단해집니다.

따라서 전혀 새로운 관점으로 인생을 바라봐야 하고, 그에 맞는 새로운 인생 시간표를 짜야 합니다. 특히 인생주기 4단계 중 가장 긴 시기인 제3기 인생의 의미를 깊게 되새기고, 또 어떻게 보낼 것인지 진지하게 고민해야 합니다. 장수혁명이 일어나면서 등장한 제3기 인생을 어떻게 보내느냐에 따라 인생의 의미, 나아가 고령화 사회의 양상이 크게 달라지니까요. 지금 우리에게 그 무엇보다도 시급하게 필요한 것은 제3기 인생의 개념을 탑재한 새로운 인생 시간표임을 잊지 마세요.

늙음에 대한 편견

어니스트 헤밍웨이는 수많은 명작을 남긴 세계적인 작가입니다. 그는 살아생전에도, 죽어서도 자신의 작품을 통해 대중들의 큰 사랑을 받았지요. 하지만 그의 삶은 그리 행복하지 않았습니다. 유복한 가정에서 태어나 남부러울 것 없이 자랐지만 아버지를 비롯해 동생, 누이까지 자살로 생을 마감하는 크나큰 슬픔을 겪었습니다. 그리고 자신도 심각한 우울증과 과대망상증에 시달리다 63세에 스스로 생을 마감했습니다.

결혼생활은 그의 비극적인 가족사와 함께 헤밍웨이의 삶을 불행하게 만든 중요한 요인 중 하나였습니다. 그는 결혼을 네 번 했습니다. 그의 아내들은 헤밍웨이가 《해는 또다시 떠오른다》, 《무기여 잘 있거라》,《누구를 위하여 종은 울리나》,《노인과 바다》와 같은 작품을 집필하는 데 많은 영감을 주었지만 행복한 결혼생활을 유지하는 데는 실패했습니다.

네 명의 아내 중 헤밍웨이처럼 자살로 생을 마감한 사람이 있는데, 헤밍웨이의 세 번째 아내였던 마사 겔혼입니다. 소설가이자 언론인이기도 했던 그녀는 자신의 일에 열정적이고 네 명의 아내 중 유일하게 헤밍웨이에게 이혼을 요구한 당당한 여성이었지만 약을 먹고 최후를 맞이합니다. 그 누구보다 자기애가 강했던 그녀가 자살이라는 극단적인 방법을 통해 생을 마감한 이유는 '늙으면 추하다'는 것이었습니다. 어떤 사람들에게는 어이없고 황당한 이유이지만 '늙음'에 대한 부정적인 이미지를 가지고 있는 사람들에게는 극단적이기는 하지만 어느 정도 공감이 되는 측면이 있습니다.

우리가 생각하는 것보다 훨씬 더 많은 사람들이 늙음에 대한 부정적인 시각을 가지고 있습니다. 한 설문조사에 따르면 우리나라 국민의 약 50퍼센트가 늙음에 대한 부정적인 이미지를 가지고 있는 것으로 나타났습니다. 설문에 참여한 사람들에게 늙음으로 대변되는 노인에 대한 이미지를 물은 결과 신체적 측면에서는 52.9퍼센트가 '노쇠하다'라고 답했고, 정신적 측면에서는 46퍼센트가 '독단적'이라고 말했습니다. 20~60대를 대상으로 한 또 다른 설문조사에서는 응답자들에게 '노인'에 대해 연상되는 단어를 물은 결과, 연령대는 달라도 거의 흡사한 답변이 나왔습니다. 이를 단어로 나열해 볼까요?

외로움, 소외, 빈곤, 고독, 무기력

결국 나이가 많든 적든 사람들은 대체로 늙음을 그리 환영하지 않고, 이러한 양상은 머나먼 옛날부터 이어져왔습니다. 즉, 예로부터 인간은 오래 사는 삶을 갈망하면서도 늙음을 배척하는 이중적인 모습을 보였던 것이지요. 가령 서양의 경우 고대 그리스에서 중세시대 말기까지 노년은 단지 내세에서의 보상을 위해 감내하고 견뎌내야 할 비극적인 시기로 인식했습니다. 그에 따라 노년을 대변하는 노인들을 매우 부정적으로 묘사했습니다.

고대 그리스의 철학자 아리스토텔레스는 '노인은 지나치게 비관적이고 불신이 강하고 악의적이며 의심이 많고 편협하다'라고 비난했습니다. 14세기 프랑스 작가 기욤 드 데귈레빌은 자신이 저술한 《인생의 순례》에서 자비, 자선, 이성, 참회, 근면과 같은 미덕은 젊고 아름다운 여성으로 그렸으며, 오만, 아첨, 위선, 질투, 배반, 탐욕, 폭식, 색욕과 같은 악덕의 상징은 늙고 추한 여성으로 의인화했습니다. 가령 나태는 추하고 털이 많으며 더럽고 악취가 나는 늙은 여성으로, 오만은 흉하게 살이 찌고 다리가 부어 혼자 걸을 수 없는 노파로 그렸지요. 심지어 18세기 독일에서는 일부 도시의 성문에 누군가에게 의존하고 가난한 노인들을 때리기 위한 목적의 큰 몽둥이를 걸어뒀다고 합니다. 당시 사람들이 늙음을 얼마나 부정적인 시각으로 바라보았는지 짐작할 수 있게 합니다.

물론 인간이 늙음을 배척하기만 했던 것은 아닙니다. 늙음에 대한 부정적인 이미지가 강했던 시대에도 늙음을 긍정적으로 바라보는 시각이 있었습니다. 고대 로마의 사상가이자 작가인 키케로는 자신의 저서《노년에 관하여 우정에 관하여》를 통해 노년의 원숙함을 칭송했고, 인도의 브라만교에서는 노년을 천하를 떠돌며 지혜의 씨앗을 뿌리는 시기라고 했습니다. 중국의 공자는 노년을 인생의 의미를 아는 것은 물론 생각하는 것이 원만하여 어떤 일을 들어도 곧 이해를 하게 되는 시기라고 했습니다. 그러나 늙음을 긍정적으로 바라보는 경우는 그리 흔하지 않았고, 배척의 역사는 지금도 계속되고 있습니다.

혹시 2002년도에 개봉한 〈죽어도 좋아〉라는 영화를 알고 계십니까? 실화를 극화한 이 영화는 각자의 배우자와 사별한 일흔 살이 넘은 두 노인이 운명적으로 만나 사랑을 나누고 성생활을 즐기는 모습을 담고 있습니다. 이 영화는 개봉하기 전부터 우리 사회의 뜨거운 감자로 떠올랐습니다. 이 영화를 긍정적으로 받아들이는 사람도 있었지만 대부분 당혹스러워하고 탐탁지 않은 반응을 보였습니다. 사람들은 자신의 욕구를 당당하게 드러내는 영화 속 두 노인을 향해 "어휴, 다 늙어서 주책이야", "저 나이에 저러고 싶을까? 민망하게…", "이팔청춘도 아니고 낫살이나 먹어가지고, 사랑은 무슨 사랑이야?" 라며 손가락질을 했습니다.

영화 속 두 노인의 모습은 사람들의 무의식 속에 자리하고 있는 노인의 이미지와 사뭇 달랐기 때문입니다. 자신들이 생각하는 노인은 노쇠하고 무력하며 개인의 기호나 취향, 욕구 등이 없고 여성도 남성도 아닌 무성의 존재인데 적극적으로 사랑을 하고 성생활을 즐기니, 그만큼 충격적이고 거부감이 컸던 것이지요. 노인들 스스로도 이러한 선입견을 가지고 있는데, 젊은 사람들은 오죽하겠습니까?

그러나 이제 이러한 생각을 뜯어고쳐야 합니다. 평균 수명의 증가로 빠르게 고령 사회가 되어 가고 있는 지금, 늙음에 대한 부정적인 생각을 바꾸지 않으면 죽을 날만 기다리는 '상노인(上老人)' 취급받는 사람도, 또 상노인 취급하는 사람도 모두 득이 될 게 없습니다. 노인 취급받는 사람은 늙음에 대한 부정적인 선입견에 움츠러들어 자신이 가지고 있는 욕구와 능력, 잠재력을 제대로 발현하지 못하고 위축된 삶을 살게 됩니다.

　상노인으로 취급하는 사람도 손해 보기는 마찬가지입니다. 풍부한 경험과 뛰어난 실력, 안목, 품성 등으로 얼마든지 사회에서 제 몫을 다할 수 있는 윗세대들이 뒷방에 들어 앉아 무력한 존재가 되면 이들로부터 무언가를 본받고 배울 수 있는 기회를 잃는 것은 물론 이들을 부양해야 할 부담도 커지게 됩니다. 무엇보다 누군가를 상노인 취급하는 사람도 언젠가는 상노인 취급받는 사람이 된다는 것입니다.

　따라서 나이가 많든 적든 길어진 인생을 잘 살려면 제3기 인생의 개념을 탑재한 인생 시간표와 함께 늙음에 대한 인식도 바꿔야 합니다. 늙음은 쇠약하고 추하고 의존적이고 무력한 것이 아니라 그저 젊음에 나이라는 숫자만 더해진 것일 뿐, 늙음에 대한 편견 없이 긍정적이고 능동적으로 살면 그 누구보다도 활기차고 행복한 인생을 살 수 있습니다. 늙음에 대한 새로운 시각을 갖는 것은 본인뿐 아니라 가족, 더 나아가 온 사회와 국가를 행복하게 만드는 일임을 기억하세요.

오래 사는 삶의 축복,
준비된 사람만이
누릴 수 있다

　　미래에 발생할 수 있는 위험에 대한 사람들의 불안감 때문인지 최근 100세 시대를 겨냥한 보험이 줄줄이 출시되고 있습니다. 물론 100세 혹은 그 이상을 산다는 것이 위험하기만 한 것은 아닙니다. 일각에서는 평균 수명의 연장으로 오래 살게 되면 시간의 양이 크게 늘어나 시간에 쫓기지 않고 여유로운 삶을 즐길 수 있게 되고, 건강한 젊은이들도 많아져 나라가 부유해질 것이며, 오래 사는 만큼 교육을 받을 시간도 늘어나 임금이 상승하고 실업률이 떨어질 것이라고 합니다.

　　또한 풍부한 경험과 인맥, 인내력을 갖춘 고령 인력들이 크게 늘어나 기존의 은퇴 개념이 사라질 것이고, 시간적 여유가 많아져 인간관계에도 긍정적인 변화가 생기며, 저축할 시간이 늘어나 저축률이 상승하는 것은 물론 투자기간도 크게 늘어나 시간의 복리효과로 이자 수익이 급증할 것이라는 핑크빛 전망을 합니다. 그러나 이 전망은 지나치게 낙관적인 측면이 있습니다.

왜 그러한지 재정적인 측면에서 살펴볼까요? 우리가 보편적으로 100세를 살게 되면 회사에서 퇴직하는 연령을 60세로만 잡아도 무려 40년을 소득 없이 살게 됩니다. 그런데 지금이 어떤 시대입니까? 평생직장의 개념이 사라지고 불안정한 고용환경으로 인해 50세가 되기도 전에 퇴직하는 이들이 허다합니다.

실제로 우리나라의 평균 퇴직 연령은 약 54세이며, 통계청이 2015년에 실시한 조사결과를 보면 가장 오래 근무한 일자리에서 일을 그만둘 당시 평균 연령은 만 49세에 불과했습니다. 물론 지금은 예전보다 퇴직 연령이 다소 높아졌지만 아직도 법정 정년보다 이른 나이에 현역에서 물러나는 이들이 많습니다. 엎친 데 덮친 격으로 금리와 집값이 하루가 다르게 하락하고 있어 지금은 옛날처럼 은행에 저축하고 그 돈에 대출금을 더해 집이나 땅을 사도 노후 준비를 하기에는 턱없이 모자랍니다. 즉, 100세 장수시대가 되면 젊어서 번 돈을 굴려 노후 준비를 한다는 것이 현실적으로 불가능해지는 것이지요.

노후자금이 충분해도 문제는 끝나지 않습니다. 많은 사람들이 돈이 많으면 노후 준비는 모두 끝났다고 생각하는데 결코 그렇지 않습니다. 풍족한 노후자금만으로는 행복한 노후가 보장되지 않습니다. 실제로 미국 하버드 대학교를 졸업한 성인 남녀 814명의 인생을 무려 75년간 추적 조사한 '하버드 대학교 성인 발달 연구'에 따르면 행복하고 건강한 노후를 결정짓는 가장 중요한 요인은 돈이 아니라 인간관계인 것으로 나타났습니다. 물론 돈이 행복하고 풍요로운 노후를 보장하는 필수 요소인 것은 분명한 사실입니다.

그러나 퇴직 후 기나긴 인생을 병에 걸려 침대에만 누워 살거나 딱히 하는 일 없이 허송세월을 하고, 배우자·자식과 갈등하고, 마음이 공허하다면 오래 산들 무슨 의미와 보람이 있겠습니까? 100세 장수시대를 건강하고 행복하게 살려면 돈뿐만 아니라 일, 신체적·정신적 건강, 가족을 비롯한 인간관계, 외로움과 소외감·고독감에 대한 태도, 자기계발, 삶에 대한 태도 등 다각적인 측면에서 노후 준비를 해야 합니다.

그리고 우리나라의 경우 그 시기는 빠르면 빠를수록 좋습니다. 왜냐하면 우리나라는 평균 수명 연장으로 인한 고령화가 그 어떤 나라보다 빠른 속도로 진행되고 있기 때문입니다. 때문에 발 빠르게 대처하지 못하면 노인도, 그 노인을 부양해야 하는 젊은이도, 더 나아가 사회와 국가도 큰 곤경에 처할 수 있습니다.

프랑스에는 18~30세의 젊은이들이 주축을 이룬 '콩코르드'라는 사회단체가 있습니다. 이들은 자신들의 의지와 상관없이 윗세대들로부터 물려받은 불량 유산, 즉 노인 복지를 위해 진 빚을 자신들이 떠안아야 할 이유가 없다고 주장하며 윗세대와 반목하고 있습니다. 경제협력개발기구(OECD)는 우리나라의 경우 불과 20여 년 후인 2036년에 노인 1명을 부양하는 생산인구가 2명 아래로 떨어질 것으로 전망했습니다. 급속한 고령화에 따라 생산인구의 노인 부양 부담이 커진다는 의미입니다. 자신의 노후 준비뿐만 아니라 윗세대의 노후까지 책임져야 하는 젊은 세대들의 부담감이 얼마나 크겠습니까? 어쩌면 프랑스처럼 윗세대의 노후를 책임져야 하는 젊은 세대와 그들의 부양을 받아야 하는 윗세대 간에 갈등과 충돌이 발생할 수 있습니다.

인류가 시작된 이래 인간은 오래 사는 삶을 꿈꿔왔습니다. 이러한 관점에서 오래 산다는 것은 우리들에게 분명 축복입니다. 그러나 모두에게 축복은 아닙니다. 오직 준비된 사람에게만 축복입니다. 준비되지 못한 장수와 노후는 삶의 질을 떨어뜨리고 인생을 불행하게 만듭니다. 질문 하나 할까 합니다.

인생의 전반전은 화려했고 후반전은 불행하다면 그 인생은 행복한 것일까요, 불행한 것일까요? 반대로 인생의 전반전은 초라했고 후반전은 행복하다면 그 인생은 행복한 것일까요, 불행한 것일까요?

축구 경기에서 상대팀에 뒤지다가 역전하면 승리는 우리의 것이 되듯 인생 또한 전반전의 스코어가 어떠했든 후반전에서 승리하면 최후의 승자가 될 수 있습니다. 끝이 좋으면 다 좋은 것이지요. 따라서 한 번뿐인 인생에서 진정한 승자가 되기 위해서, 자신에게 주어진 소중한 인생을 축복으로 만들기 위해서는 인생 후반전을 위한 노후 준비를 하고 이 시기를 충실하게 보내야 합니다.

인생 후반전, 특히 100세 장수시대의 인생 시간표에서 제3기 인생(40세 이후부터 70대 중후반까지)을 잘 달려 좋은 스코어를 올리면 생각보다 오래 사는 삶을 얼마든지 축복으로 만들 수 있고, 그것이 늘어난 인생에서 진정한 승자가 되는 유일한 길입니다.

2부에서는 인생 후반전을 그 누구도 아닌 자기 스스로의 힘으로 개척하고 달려 인생의 진정한 승리자가 된 사람들의 특별한 노후행복 레시피를 소개하고자 합니다. 그들에게 행복한 노후, 행복한 인생을 선사한 황금 레시피는 무엇일까요? 이제부터 10명의 인터뷰를 통해 그 방법을 찾아보고자 합니다.

2부

행복한 노후,
그 황금 레시피를
찾은 사람들

김형석

·

96세 철학자가 인생을 사는 법

·

1920년 평안남도 대동군 송산리 출생으로, 일본 조치대학교 철학과를 졸업하고, 1954년부터 30여 년 동안 연세대학교 철학과 교수로 재직했습니다. 그동안 미국 시카고대학교와 하버드대학교의 연구교환 교수로 지냈으며, 그 후에 오스틴대학에 출강하기도 하였습니다. 현재는 연세대학교 명예교수로 있으며 다수의 사상적 에세이와 저서는 물론 방송과 강연, 저술활동을 하며 바쁜 나날을 보내고 있습니다.

지은 책으로는 《영원과 사랑의 대화》, 《인생, 소나무 숲이 있는 고향》, 《나는 사랑한다, 그러므로 나는 있다》, 《한 사람의 이야기》, 《철학개론》, 《종교의 철학적 이해》, 《서양철학사 100장면》 등 다수의 저작물이 있습니다.

연세대 철학과 명예교수이자 한국 철학계의 대부로 불리는 김형석 교수는 올해로 나이가 96세입니다. 그러나 이화여대 후문에 위치한 카페에 앉아 있는 김형석 교수의 모습은 100세를 목전에 둔 사람이라고는 믿기지 않을 정도로 정정했습니다. 지팡이에 의지하지 않고 꼿꼿한 자세로 걷는 것은 물론 보청기를 끼지 않았는데도 다른이의 말을 또렷하게 들었으며, 무엇보다도 그 어떤 질문에도 흐트러짐 없이 답을 했습니다. 신체적인 건강도 건강이지만 정신적인 건강과 능력이 여느 젊은이 못지않게 건재했습니다. 선천적으로 건강을 타고난 게 아닌가 여겨질 정도로 말이지요.

그러나 김형석 교수는 당장 내일을 기약할 수 없을 정도로 병약한 체질로 태어났습니다. 가족 모두 그가 건강하게 오래 살지 못할 것이라고 생각했고, 심지어 어머니는 그가 듣는 자리에서 종종 이런 말을 했다고 합니다.

"나는 네가 스무 살까지
살기만 해도 좋겠구나."

그만큼 김형석 교수는 어렸을 때부터 병치레가 잦았고, 한번은 달리기를 하다가 의식을 잃고 쓰러져서 어머니를 기겁하게 만들었던 적도 있었습니다. 그날 밭에서 일을 하다가 김형석 교수가 쓰러진 사실을 전해들은 어머니는 한달음에 그가 있는 곳으로 달려왔고, 마치 죽은 사람처럼 누워 있는 아들을 품에 안고 하염없이 눈물을 흘렸다고 합니다. 그가 어린 시절을 보낸 송산리는 후미진 산촌인 데다가 그의 집안은 시골에서도 더부살이를 할 정도로 가난했기 때문에 금방이라도 꺼질 듯 숨을 몰아쉬는 자식을 눈앞에 두고도 어미로서 손 하나 써보지 못하고 눈물만 흘렸던 것이지요.

다행히 그날 김형석 교수는 깨어났고, 눈을 떠보니 어머니가 젖은 눈으로 자신을 내려다보고 있었다고 합니다. 그리고 어머니가 얼마나 눈물을 흘렸는지 그의 얼굴이 그 눈물에 촉촉이 젖어 있었다고 합니다. 이런 일을 자주 겪다 보니 김형석 교수는 대부분의 사람들이 죽음에 대해 생각하지 않을 나이에 죽음을 자신의 일처럼 받아들였다고 합니다. 학교에 갔다가 집으로 돌아오는 길에 언덕을 넘어서면 마을 공동묘지가 보였는데, 그곳을 바라보며 '나도 곧 저곳에 묻히겠지? 그러면 부모님이 슬퍼할 것이고, 그러다가 점점 잊혀지면 끝나는구나'라는 생각을 자주 했다고 합니다. 당시 그가 죽음과 얼마나 가까이에 있었는지 짐작할 수 있을 것입니다.

이런 김형석 교수가 유일하게 의지할 수 있는 존재는 하나님이었습니다. 당시 부모가 독실한 크리스천이었기 때문에 김형석 교수도 자연스럽게 교회에 나가게 되었고, 그곳에 갈 때마다 하나님에게 이렇게 기도를 했다고 합니다.

> "하나님께서 제게 생명과 건강을 주시면
> 저를 위해 살지 않고 주께서 맡겨주신 일을
> 열심히 하겠습니다."

기도에만 그친 것이 아니라 김형석 교수는 이 약속을 지키기 위해 주어진 일을 위해서는 건강해야 한다는 의무감 비슷한 의지를 가지고 살았다고 합니다. 그래서인지 김형석 교수는 온갖 병마를 이겨냈고, 어느 순간부터는 그리 일찍 죽지 않겠다는 희망과 함께 열심히 노력하면 남들처럼 건강하게 일을 할 수 있다는 자신감까지 갖게 되었다고 합니다. 그리고 실제로 다른 사람 못지않은 건강을 유지하며 지금도 그 누구보다 열심히 일하며 바쁜 나날을 보내고 있습니다.

병약하게 태어난 철학자의 장수비결

다른 사람들보다 매우 병약하게 태어났음에도 불구하고 거의 100세를 살고 있는 김형석 교수. 그가 이처럼 그 누구보다도 육체적으로나 정신적으로 건강하게 장수할 수 있었던 비결은 무엇일까요?

그는 우선 어렸을 때 하나님과 했던 신앙적 약속을 지키기 위해서는 반드시 건강해야 한다는 강한 의지를 가지고 살았던 것이 건강비결이라고 했습니다. 그는 늘 이 약속을 가슴에 품고 살아서 건강에 해를 끼치는 일은 하지 않으려고 애를 썼다고 합니다. 인간의 몸에 백해무익한 술과 담배를 멀리했음은 물론 무엇보다도 자신이 몸이 약하다는 것을 너무도 잘 알았기 '소심할 정도'로 무리를 하지 않았습니다.

지금도 그는 그 습관이 몸에 배어서 무슨 일이든 쫓기지 않고 스트레스를 받지 않기 위해 미리미리 한다고 합니다. 가령 원고나 강

연을 청탁받으면 마감일보다 4~5일 전에 일을 끝낸다고 하니, 그가 얼마나 강박에 가까울 만큼 건강관리에 신경을 썼는지 짐작할 수 있을 것입니다.

그렇다면 운동은 전혀 하지 않은 것일까요? 50세 전까지는 그저 일하기 바빠 운동을 전혀 하지 않았다고 합니다. 그러다가 운동을 시작한 것이 50세가 된 이후로, 그가 고심 끝에 선택한 운동은 수영이었습니다. 왜냐하면 다른 운동들은 체력의 한계를 느끼거나, 짝을 이루어야 할 수 있거나, 시간과 돈이 많이 들거나 하여 자신에게 맞지 않다고 판단했기 때문입니다. 반면 수영은 자신이 하기에 따라 체력적으로 힘들지 않고, 혼자서 아무 때나 즐길 수 있으며, 돈도 많이 들지 않아 자신에게 딱 맞는 운동이라고 생각했답니다. 그렇게 시작한 수영을 현재까지 40년 넘게 하고 있으니, 그가 지금까지 건강하게 장수할 수 있었던 비결 중 하나가 수영이라는 것을 짐작할 수 있습니다.

그의 또 다른 장수비결은 정신적으로 성장하기 위한 노력을 멈추지 않았다는 것입니다. 김형석 교수는 한 인터뷰에서 "정신적으로 성장하는 동안은 늙지 않고, 늙는 것은 정신적으로 더 이상 성장하지 않는 것"이라고 강조할 만큼 정신적 성장은 늙지 않고 건강하게 사는 중요한 비결이라고 말했습니다. 그는 자신의 저서 《인생이여,

행복하라》에서 '건강한 신체에 건강한 정신이 깃든다'는 말은 젊은 사람들에게 적절한 말이고, 나이가 들면 건강한 정신이 신체적 건강을 유지하게 한다는 말이 더욱 설득력 있다고 했습니다.

그는 나이가 들었다고 노년기가 아니라 정신적 성장이 멈추고 사회적 활동이 끝나는 때를 노년기로 보는 것이 바람직하다고 말합니다. 따라서 몸이 쇠약해지고 늙는다고 해서 스스로 노년기라고 자인하고 앞질러 정신적 활동을 포기하는 것은 지혜롭지 못한 행동이라고 강조했습니다. 지금 자신의 나이가 96세임에도 불구하고 아직까지 남부럽지 않은 건강을 유지하며 왕성하게 일할 수 있는 것은 정

신적 성장을 중요하게 여기며 노력했기 때문이라고 했습니다.

　김형석 교수는 이처럼 정신적 성장을 중요하게 생각하여 인생 최고의 시기를 보통 사람들이 노년기라고 얘기하는 '65세에서부터 75세까지'라고 보았습니다. 그 이유는 몸은 노쇠해지지만 인간적으로나 학문적으로 가장 성숙한 시기였기 때문입니다. 김형석 교수는 이 나이가 되었을 때에야 비로소 생각이 깊어지고, 행복이 무엇인지, 인생이 무엇인지, 세상을 어떻게 살아야 하는지를 깨닫게 되었다고 합니다. 그래서 김형석 교수는 누군가가 만약 타임머신을 타고 과거로 돌아갈 수 있다면 어느 나이로 되돌아가고 싶으냐고 물으면 망설임 없이 65세라고 답할 것이라고 했습니다.

　그러나 무엇보다도 김형석 교수의 가장 큰 장수비결은 '운동은 건강을 위해서 하고, 건강은 결국 일을 잘하기 위해서 하는 것'이라고 할 만큼 은퇴란 개념 없이 평생 일을 하는 것입니다. 김형석 교수는 지금도 곳곳을 다니며 강의를 하고 글을 쓰고 있으며, 건강만 허락한다면 앞으로도 더 많은 일을 하고 싶다고 했습니다. 그에게 가장 중요한 건강의 기준은 '일을 할 수 있는가, 없는가'이기 때문에 더 이상 일을 할 수 없다는 것은 곧 건강하지 못함을 의미하고, 그래서 자신이 더 이상 일을 할 수 없게 되면 고마운 마음으로 죽음을 맞이할 수 있을 것 같다고 말했습니다.

60세가 넘으면 자식에게서 경제적으로 독립해야 한다

김형석 교수는 이미 온몸으로 100세 시대를 건강하고 활기차게 살고 있는 사람입니다. 따라서 그의 삶은 곧 평균 수명 100세 시대를 우리가 어떻게 맞이하고, 준비해야 하는지를 알려주는 하나의 좋은 지표가 될 수 있을 것이라고 생각합니다. 그렇다면 그는 지금까지 어떻게 100년에 가까운 생을 살아왔을까요?

그는 장수는 인간 최대의 염원이지만 그저 오래 살면서 일하지 않고 다른 사람에게 아무런 도움과 기쁨을 줄 수 없다면 그것은 진정으로 가치 있고 축복받은 장수가 아니라는 생각을 가지고 있었습니다. 즉, 김형석 교수는 인생을 살아가는 데 있어 얼마나 오래 사느냐가 중요한 것이 아니라 어떻게 살고, 무엇을 남기느냐가 더욱 중요하다고 보았습니다. 그가 이런 생각을 하게 된 것은 오래전 미국에 갔을 때의 경험이 큰 영향을 미쳤습니다.

언젠가 미국에 간 김형석 교수는 한 호텔에 머물게 되었습니다. 주위에 공원이 있어 산책을 하게 되었는데, 그 공원 일대가 복지 혜택으로 살아가는 노인들이 사는 밀집 지역이었습니다. 하는 일 없이 하루를 보내는 노인들이 가득한 그곳을 본 김형석 교수는 저절로 '나는 저 속에 들어가지 말아야지'라는 생각을 하게 되었다고 합니다.

그의 눈에는 그 모습이 지옥에 가까웠기 때문입니다.

어떤 사람들은 복지 혜택을 누리며 유유자적하는 그들의 삶이 행복해 보였을지 모르나 김형석 교수의 눈에는 충분히 일하고 다른 사람에게 도움을 줄 수 있을 만큼 건강한데도 일하지 않고 남의 도움을 받는 그들의 모습이 그저 안타까웠던 것입니다. 그는 마지막 순간까지 자신의 노력으로 살고 남에게 도움을 줄 수 있는 인생이야말로 가치 있다고 말하며, 우리나라 노인복지 문제도 이런 시각으로 접근해야 한다고 했습니다.

> "저는 세상에서 가장 나쁜 것은 공짜라고 생각합니다.
> 모든 노인들에게 무턱대고 복지 혜택을 주는 것은
> 지양해야 한다고 생각합니다. 물론 정말 힘든 상황에 처해 있는
> 사람들에게 복지 혜택을 주는 것은 바람직합니다.
> 하지만 자기가 스스로를 책임질 수 있는데도
> 그 책임을 느끼지 못하는 사람들까지 혜택을 누리게 하는 것은
> 조금 문제가 있다고 생각합니다. 끝까지 내 노력으로 살고
> 남에게 도움을 주고 살아야 가치 있는 인생입니다.
> 때문에 자기 스스로를 책임질 수 없는 상황인 사람은
> 어쩔 수 없지만 아직 일할 수 있는 사람에게는 일을 줘야 합니다.
> 그래야 그 사람의 노후가 진정으로 행복합니다."

그렇다면 행복한 노후를 위해 반드시 짚고 넘어가야 하는 경제적인 문제에 대해서는 어떤 생각을 가지고 있을까요? 그는 행복하게 노후를 보내기 위해 경제력은 결코 간과해서는 안 되는 중요한 조건이라고 생각했습니다. 그러면서 노후에 경제적으로 힘들지 않으려면 일찌감치 유산을 자식들에게 물려주고 여생을 의탁하려는 자세를 버려야 한다고 했습니다. 이는 스스로를 경제적으로 궁핍하게 만들뿐만 아니라 가족관계를 깨뜨릴 수도 있는 위험천만한 행동이라고 했습니다.

재산을 많이 물려받은 자식은 자식대로, 적게 받은 자식은 자식대로 불만이 생겨 결국 모든 자식에게 버림받는 결과를 초래할 수 있으므로 유산을 물려주는 것은 심사숙고해야 하며, 될 수 있으면 60세가 넘으면 자식들과 자신의 생활을 분리하여 경제적으로 독립해야 한다고 강조했습니다. 그래야 경제적으로 큰 어려움이 없이 여생을 보낼 수 있으며, 자식들에게도 재정적으로 부담을 주지 않을 수 있다고 했습니다. 그렇게 경제적인 안정 속에서 살다가 쓰고 남은 돈이 있으면 그때 자식에게 주든 사회에 환원하든 하는 것이 지혜로운 선택이라고 했습니다.

나이 들수록 품위를 잃지 마세요

김형석 교수는 나이가 들면 여러 가지 문제가 발생한다고 말합니다. 자신의 경우에는 오랜 세월 철학을 공부하며 인간은 결국 홀로 가야 하는 숙명이라는 것을 알게 되었음에도 가장 감당하기 힘든 문제가 고독이라고 했습니다. 이는 다른 고령자들도 마찬가지로, 그 이유는 젊은이들이 노인과 가까이 긴 시간을 보내길 원하지 않을뿐더러 무엇보다도 나이가 들면 가족, 친구 등 주변 사람들이 하나 둘씩 세상을 떠나기 때문입니다.

특히 많은 사람들이 배우자가 세상을 떠났을 때 고독을 많이 느끼게 됩니다. 김형석 교수도 20년 동안 병 수발하던 아내가 죽고 난 후 외국여행이라도 다녀오면 집에 들어서는 것이 싫을 정도로 심한 고독감을 느꼈다고 합니다. 그러나 지금은 일하느라 늘 바쁘기도 하고 어린 후배들이 친구가 되어주어서 그 고독을 극복했습니다. 따라서 고독을 이겨내기 위해서는 취미활동을 하든 일을 하든 무엇이든 하려는 자세가 필요하다고 합니다. 또 젊은 사람들에게 모범이 되는 어른이 되어 그들이 자신을 외면하지 않고 찾아올 수 있도록 해야 한다고 했습니다.

"젊은 사람들이 저 노인에게는 배울 게 있다,
라고 생각하게 만드는 것이 중요합니다.
그러려면 젊은 사람들과 얘기할 때 손아랫사람이라고
함부로 끼어들어 얘기하지 않고,
그들이 요청할 때에만 말하는 것이 좋습니다.
나이가 들면 혼자 지내거나
나이가 아래인 사람들을 대하게 됩니다.
그래서 자신의 처신을 생각하지 않는 습관이 생겨
인간으로서 품위를 잃기 쉬워요.
그러면 존경도 받을 수 없지요.
나이가 들수록 언제나 다른 사람에게
좋은 인상과 기쁨을 줄 수 있어야 합니다.
나이가 많든 적든 상대방을 정중히 대하는 자세가
중요합니다."

아울러 김형석 교수는 고독감을 이기기 위해 노인 스스로 노력하는 자세도 중요하지만 자식들이 홀로 된 부모를 재혼시켜드리는 것에 대해 긍정적으로 생각해볼 필요도 있다고 했습니다. 특히 어머니가 먼저 떠나고 아버지가 홀로 된 경우 재혼을 시켜드리는 것이 가장 큰 효도가 될 수 있다고 했습니다. 왜냐하면 어머니는 홀로 되어도 스스로 생활을 할 수 있고 여러 가지로 보탬이 되어 자식들이 모시고 살기를 원하는 반면, 남자는 속된 말로 늙어도 쓸모가 없어서 자식들이 반기기보다는 부담을 느끼기 때문입니다. 그러다 보면 고독감은 더욱 깊어지고 자식들의 푸대접에 자괴감까지 들게 된다고 합니다.

그런데 대부분의 자식들이 아버지가 어느 정도 재산이 있으면 아버지의 고독감이나 생활의 불편함보다는 유산 문제에 더 신경을 쓰느라 재혼을 반대한다고 합니다. 실제로 김형석 교수 주변에도 이런 경우가 많고, 그도 상처한 지 10년이 넘었는데도 자식들이 자신의 결혼에 대해서는 전혀 생각하지 않는다고 했습니다. 물론 재혼을 한다고 해서 고독감이 모두 해결되는 것은 아니지만 '악처가 효부보다 낫다'는 말이 있듯이 부모의 고독감을 염려한다면 자식들이 부모의 재산을 바라지 않고 노인들도 얼마든지 결혼을 할 수 있다는 인식을 가져야 한다고 했습니다.

노인이 갖춰야 할 지혜와 배려

또한 김형석 교수는 행복한 노후를 보내려면 노인으로서 지혜를 가져야 한다고 했습니다. 그는 젊었을 때는 용기 있는 사람이 잘 살고, 장년기에는 신념이 있는 사람이 잘 살며, 나이가 들어서는 지혜가 있는 사람이 잘 산다면서 지혜가 있어야 행복한 노년을 보낼 수 있다고 강조했습니다. 그러면서 김형석 교수는 미국의 34대 대통령 드와이트 아이젠하워를 예로 들며 노인이 가져야 할 절제와 지혜에 대해 설명했습니다.

아이젠하워는 손주를 무척 사랑했습니다. 한번은 며느리에게 토요일 오후에 2시간 정도 아이를 데리고 있어도 되겠느냐고 물었다고 합니다. 그러자 며느리는 괜찮다고 했고, 그렇게 아이젠하워는 손주와 즐거운 시간을 보냈습니다. 약속시간이 되자 손주를 돌려보낸 아이젠하워. 손주를 보내고 아쉬워하는 아이젠하워에게 친구가 왜 저녁까지 먹이고 보내지 않았느냐고 묻자 그는 아이들은 부모가 키워야 한다며 할아버지, 할머니와 긴 시간을 보내면 의지하고 응석을 부린다고 말했다고 합니다. 김형석 교수는 나이가 많다고 자기 마음대로 행동하지 않고 아이젠하워처럼 타인을 배려하고 약속을 지키는 것이 노인의 지혜라고 했습니다.

아울러 김형석 교수는 노후를 건강하고 행복하게 보내려면 삶의 공간을 넓히는 자세가 중요하다고 했습니다. 나이가 들고 퇴직을 하면 삶의 공간이 줄어드는데, 늙지 않고 건강하게 행복한 노후를 보내려면 이 삶의 공간을 넓히는 노력이 필요하다고 했습니다. 그러나 신체적인 삶의 공간이 줄어드는 것은 어쩔 수 없는 순리라고 했습니다.

그는 저서 《인생이여, 행복하라》에서 결국 산다는 것은 자신의 삶의 공간을 넓혀나가다가 점점 그 주어진 공간에서 밀려나고 늙으면 삶의 공간이 사라져 가는 것이라고 말했습니다. 자신도 젊었을 때에는 다른 사람들에 비해 활동할 수 있는 삶의 공간이 비교적 넓은 편이었지만 나이가 들어갈수록 그 공간이 줄어들기 시작했다고 합니다. 그러나 신체적인 삶의 공간보다 더 중요한 것은 정신적인 의미가 차지하는 공간입니다. 이를 넓히기 위한 노력을 하면 행복한 인생을 보낼 수 있다고 했습니다. 우리네 삶은 물리적 공간에서 결정되는 것이 아니라 그 공간에서 무엇을 남겼는가가 중요하며 정신적 행복감을 느낄 수 있는 삶을 살면 그 인생은 의미가 있고 행복하다고 했습니다.

그렇다면 정신적 행복감을 느끼려면 어떻게 해야 할까요? 그 방법은 간단합니다. 예를 들어 버스나 택시를 이용할 때 행복한 마음으로 기사에게 "수고하십니다", "고맙습니다"라는 인사를 먼저 건네는 것입니다. 버스 운전기사가 이 순간 나를 행복하게 해준다는 마음으로 상대방에게 먼저 인사를 건네면 나 자신도 정신적 행복감을 갖게 되지만, 상대방도 '내 직업이 소중한 것이구나'라고 생각하게 되어 서로 정신적 행복감을 느끼게 됩니다.

보다 많은 사람들, 더 나아가 이 사회와 국가를 행복하게 만드는

데 도움이 되는 사람이 되었으면 좋겠다는 책임을 가지게 되면 정신적인 의미가 차지하는 공간을 얼마든지 확장시킬 수 있다는 것이 그의 생각입니다.

죽음을 이기는 삶에 대하여

이제 김형석 교수는 나이가 나이니만큼 인생에 대한 계획을 길게 세우지 않고 2년을 계획한다고 합니다. 그만큼 죽음이 가까이 왔음을 인정한다는 것인데, 그럼에도 불구하고 본능적으로 죽음에 대한 두려움을 느낀다고 합니다. 이런 죽음을 극복하는 길은 사랑하는 사람이든 이웃이든 국가든 내 생명보다 더 귀한 것을 위해 사는 것입니다. 자신의 생명과 모든 것을 바쳐서라도 더 소중한 것을 사랑할 줄 아는 사람에게는 죽음은 신체적 고통만 넘기면 되는 존재에 지나지 않는다고 했습니다.

그는 자신도 사랑하는 사람, 이웃, 사회, 국가 등 자신의 모든 것을 바쳐서라도 사랑하고 싶은 것이 남아 있기 때문에 죽음을 떠올리면 두렵기는 하지만 이를 이길 수 있을 것이라고 생각한다고 합니다. 건강한 육체로 열심히 일하며 죽을 때까지 내 생명보다 귀하고 사랑하는 것을 위해 헌신하고 고생하는 것이야말로 죽음을 이기는 삶이자 오래 사는 삶을 행복으로 채우는 길이 아니겠냐고 말했습니다. 그가 이러한 마음으로 열심히 일하고 세상을 대했기에, 96년이라는 오랜 세월을 살았음에도 순수한 소년처럼 천진난만하고 행복한 미소를 지을 수 있는 것이 아닐까 생각해봅니다.

도
용
복

·

유서 쓰고
길 위의 학교로 떠나는 여행자

·

오지 여행가이자 부산에 위치한 골프공 제조업체 '(주)사라토가'를 운영하는
도용복 회장은 1943년 경상북도 안동에서 태어나 갑자기 가세가 기울어 매우
어려운 시절을 보냈습니다. 그러나 베트남전 참전으로 마련한 종잣돈으로
사업을 시작해 성공적인 사업가가 되었고, 그러던 중 고엽제로 인한 후유증으로
인해 자신의 인생에 대해 되돌아보고 깨달은 바가 있어 세계 오지여행을
시작했습니다. 사업가로서 300일은 일하고, 65일은 오지여행을 떠나는
도용복 회장은 늘 그래왔듯 죽을 각오로 최선을 다해
지금 이 순간을 살아가고 있습니다

"여행을 떠날 때는 항상 유서를 써두고 갑니다."

자기 스스로의 힘으로 노후행복 레시피를 찾아 활기차고 행복한 후반 인생을 보내고 있는 사람들을 찾아 떠난 여정에서 만난 도용복 회장의 말입니다. 오지여행가이자 골프공 제조업체인 '(주)사라토가'를 경영하는 그는 50세가 되던 해 작은 배낭 하나를 둘러메고 아프리카행 비행기를 탄 이후 지금까지 무려 147개에 이르는 나라를 돌았다고 합니다.

그가 여행한 곳은 사람들이 잘 가지 않는 열악한 환경의 오지국가들입니다. 그러니까 그가 여행을 하는 목적은 편안하게 보고 즐기는 '관광'이 아닙니다. 고되고 힘들더라도 자신의 두 발로 흙먼지 날리는 땅 위를 걸어 그 나라 사람들의 삶 속으로 깊숙이 들어가는 것입니다. 그렇다면 왜 도용복 회장은 이런 여행을 할까요?

"미국이나 유럽과 같은 선진국의 도시를 간다면 떠나지 않는 것이 나아요. 웬만한 건 서울에 다 있으니까요. 편하게 다녀오는 여행은 저에게 큰 의미가 없습니다. 남는 게 거의 없으니까요."

반면 오지여행은 그에게 많은 것을 남긴다고 합니다. 스스로 오지여행은 곧 '길 위의 학교'로 떠나는 것과 같다고 얘기할 정도로 말이지요. 도용복 회장은 오지여행을 통해 세상을 바라보는 시야가 폭넓어지고 통찰력, 직관력 등이 생겼다고 합니다. 또한 몸과 마음도 건강해지고, 영혼도 맑아졌으며, 무엇보다도 돈이나 성공에 대한 욕망보다는 자연과 사람을 귀하게 여기는 마음과 나눔에 대한 열망이 커졌다고 합니다.

그는 책상머리에 앉아 열심히 공부를 하여 '지식'을 쌓는 것도 중요하지만 그보다 더 중요한 것은 '지혜'를 쌓는 것이며, 그 지혜를 얻는 가장 좋은 방법은 '발로 하는 독서', 즉 여행이라고 했습니다. 자신이 공부를 많이 한 지식인이나 학자가 아님에도 불구하고 현재 그들을 대상으로 강의를 할 수 있는 것은 발로 하는 독서를 통해 많은 지혜를 쌓은 덕분이라고 했습니다.

제2의 인생을 선사한 오렌지색 독약, 고엽제

오지여행은 여러모로 열악하고 후미진 곳을 가는 것이니만큼 생과 사를 넘나들 정도로 위험한 순간이 많다고 합니다. 도용복 회장은 아마존에서 함께 걷던 가이드가 독사에 물려 40여 분 만에 온몸이 파랗게 변해 죽는 것을 고통스럽게 지켜보기도 했고, 남미에서는 차로 이동할 때 느리게 달리면 총에 맞아 죽을 수 있기 때문에 시속

220킬로미터 이상으로 달리기도 했습니다. 또한 에콰도르에서는 뒤에서 목을 조르며 옆구리에 칼을 들이대는 3인조 강도를 만나 가지고 있던 캠코더로 협상을 해서 위기의 순간을 겨우 모면했고, 아프가니스탄에서는 지뢰를 밟아 죽을 뻔했던 적도 있었습니다. 이것이 도용복 회장이 매번 여행을 떠날 때마다 유서를 쓰는 이유입니다.

더구나 혼자, 그것도 전화기도 없는 여행길이어서 만에 하나 불의의 사고로 세상을 떠날 경우를 대비해 여행을 떠나기 전 하나의 의식처럼 가족들에게 늘 유서를 남깁니다. 그런데 왜 도용복 회장은 여행을 할 때 전화기를 가지고 다니지 않는 것일까요? 어차피 머나먼 오지에 있어서 한국에 무슨 일이 생겨도 당장 달려갈 수 없기 때문입니다.

도용복 회장이 이런 위험천만한 오지여행을 시작한 계기는 40대 들어 몸이 시름시름 아프면서부터입니다.

"40대 들어서면서부터 특별하게 뭘 한 것도 없는데 피로하고,
고혈압·당뇨병에 원인을 알 수 없는 온갖 병치레를 했습니다.
그러다가 한 번씩 쓰러지기도 했고요.
그때마다 '아, 사람이 이래서 죽는구나!'라는 생각이 들었지요.
그런데 나중에 알고 보니까 그게 다 고엽제 후유증이었어요."

고엽제는 나무와 풀을 말려 죽일 때 사용하는 제초제입니다. 미국은 1960년에 시작해 1975년에 끝난 베트남 전쟁에서 적을 소탕하기 위해 오렌지색 고엽제를 헬리콥터에 싣고 살포했습니다. 미국이 난데없이 고엽제를 뿌린 이유는 일명 '베트콩'으로 불리던 지하조직군인 남베트남민족해방전선(NLF)이 울창한 밀림지대에 숨어 있다가 기습적으로 공격하는 게릴라 전술을 펼쳤기 때문입니다. 또한 적의 식량 공급처인 논밭을 파괴하기 위해 미국은 대량의 고엽제를 살포했습니다.

그런데 문제는 고엽제가 식물에만 해로운 것이 아니라 인체에도 치명적이라는 것이지요. 고엽제에는 대표적인 발암물질이자 0.15그램만 섭취해도 죽음에 이르는 것으로 알려져 있는 독성물질 다이옥신이 들어 있어 이에 노출될 경우 우리 몸에 많은 문제들이 발생합니다. 게다가 다이옥신은 잘 분해되지 않고 체내에 축적되는 것은 물론 일단 몸속에 쌓이면 10~20년 후에 폐암, 후두암, 신경마비 등과 같은 무서운 질병을 무려 35가지나 유발한다고 알려져 있습니다.

이런 고엽제에 베트남 전쟁 파병을 갔던 우리 군인들도 무방비로 노출되었고, 일부러 맞는 사람들도 많았습니다. 푹푹 찌는 동남아 기후의 폭염 속에서 작전을 수행해야 했던 군인들에게 공중에서 시원스럽게 뿌려지는 물이 얼마나 반가웠겠습니까? 도용복 회장 역시 베트남 전쟁에 참전할 당시 이 고엽제를 가뭄에 단비처럼 생각하며 즐거운 마음으로 맞았다고 합니다. 그때 맞았던 고엽제가 몸속에 쌓여 있다가 어느 정도 시간이 흐르자 몸에 이상을 일으키기 시작한 것이지요.

고엽제 후유증으로 인해 돌연 죽음을 맞이할지도 모른다는 생각에 휩싸인 도용복 회장은 문득 지금까지 가보지 못한 곳을 가보고 싶다는 강렬한 열망이 생겼습니다. 그리고 그 바람대로 도용복 회장은 50세가 되던 해에 훌쩍 아프리카로 떠났지요.

하나뿐인 목숨을 담보로 사업 밑천을 벌다

그렇다면 도용복 회장은 자신에게 고엽제라는 끔찍한 고통을 선사한 베트남 전쟁에 어떻게 참전하게 되었을까요? 놀랍게도 나라로부터 차출된 것이 아니라 자신의 의지로 참전을 했다고 합니다. 이유는 단 하나, 사업자금을 마련하기 위해서였습니다. 집안 형편이 좋지 않았던 도용복 회장은 가난에서 벗어나고 싶은 마음이 간절했고, 그러기 위해서는 사업을 해야 한다고 판단했습니다. 그러나 아무리 노력해도 사업자금을 마련하기는 어려웠습니다. 그야말로 찢어지게 가난해 아르바이트를 해서 번 돈을 몽땅 학비며 생활비로 써야 했기 때문입니다.

고향 안동에서 겨우 중학교를 졸업하고 차비만 들고 부산으로 간 도용복 회장은 먹고 자고 공부하기 위해 아르바이트를 시작했습니다. 당시 그는 야간 과정이던 범일전자고등학교를 다녔는데, 학교에서 배운 전자 기술을 이용해 라디오를 만들어 팔았습니다. 또한 새벽에는 부산항 4부두에서 석탄을 나르고 저녁에는 음악실에서 DJ를 하며 생계를 이어갔습니다. 그러다 보니 일이 끝나면 머리에서 발끝까지 온몸이 새까매졌고, 그 모습으로 학교를 갈 수 없었기에 우물가에서 찬물로 몸을 씻어야 했습니다. 코끝이 시릴 정도로 추운 겨울, 그것도 새벽에 밖에서 얼음처럼 차가운 물로 몸을 씻어야 했으니 그 고통이 얼마나 컸겠습니까?

그렇게 도용복 회장은 힘들게 돈을 벌어 고등학교는 물론 전문대학까지 마쳤지만 군 제대 후 밤낮없이 일하는데도 늘 빈손인 상황에서는 사업자금을 마련하기 어렵다고 판단하고 베트남 전쟁에 참전하기로 결심한 것이지요.

그런데 당시 베트남 파병은 곧 죽음을 의미할 정도로 매우 위험한

일이었습니다. 오죽하면 차출을 받고 도망가는 사람들이 비일비재했겠습니까? 도용복 회장이 베트남으로 떠나기 전날 밤에도 부대에서 세 명이 갑자기 사라졌는데, 베트남에 가기 싫은 마음에 재래식 화장실 똥통에 숨어 있다가 메탄가스에 질식해 세상을 떠났다고 합니다. 대부분의 사람들이 죽기 싫다고 삼십육계 줄행랑치기 바쁜 사지를 제 발로 가겠다고 하니, 당시 가족들의 심정이 어떠했겠습니까? 특히 어머니는 혼절할 정도로 충격을 받았다고 합니다. 도용복 회장은 당시 어머니의 모습을 떠올리면 아직도 가슴이 아프고 눈물이 난다고 했습니다.

그러나 도용복 회장의 결심은 아무도 꺾을 수가 없었습니다. 자신이 처한 상황에서 사업자금을 모으려면 베트남에 가는 방법밖에 없었기 때문입니다. 당시 베트남은 삶과 죽음이 교차하는 생지옥이자 단기간에 많은 돈을 벌 수 있는 기회의 땅이었습니다. 당시 우리나라 공무원의 월급이 180원이었던 데 반해 의무병으로 갔던 도용복 회장의 월급은 200원이었다고 하니, 간절하게 사업자금을 원했던 그에게 베트남은 쉽게 뿌리칠 수 없는 유혹이었습니다.

그렇게 베트남으로 건너간 도용복 회장은 그곳에 도착한 지 얼마 지나지 않아 자신이 얼마나 위험한 곳에 왔는지 절실하게 느꼈다고 합니다.

"월남에 내려서 미국 트럭을 타고 가는데,
뒤에 따라오던 차가 지뢰를 밟았어요.
그래서 그 차에 타고 있던 대원들의 몸이 공중으로 붕 떴다가
사지가 흩어져 바닥으로 후드득 떨어지는
것을 목격했지요."

충격도 잠시, 자신이 베트남에 의무병으로 왔다는 사실을 떠올린 도용복 회장은 시신을 수습하기 위해 그곳으로 달려갔고, 이에 놀란 중대장이 "죽고 싶냐"고 고함을 치며 자신의 목덜미를 잡아끌었다고 합니다. 이런 위험천만한 일이 하루가 멀다 하고 일어나는 베트남에서 도용복 회장은 그 누구보다도 많은 돈을 모아 한국으로 돌아왔습니다. 그가 그렇게 많은 돈을 벌 수 있었던 이유는 기본적으로 월급이 적지 않은 데다 보통 1년 정도만 있다가 귀국하는 다른 장병들과 달리 3년여나 머물렀기 때문입니다.

승승장구 사업 스토리

베트남에서 목숨을 담보로 번 돈을 가지고 도용복 회장이 처음 시작한 사업은 삼성전자 대리점이었습니다. 형편이 좋은 집에는 거의 전축이 있고 TV가 한창 보급되던 때였기 때문에 전자 대리점이 승산

이 있다고 보았던 것이지요. 그러나 당시 전망이 좋은 사업이었기 때문에 그만큼 경쟁자들도 많았습니다. 하지만 그 많은 전자 대리점 가운데 도용복 회장의 대리점이 독보적으로 승승장구를 했습니다. 삼성의 고 이병철 회장이 직접 가게를 방문해 격려할 정도로 말이지요.

그의 대리점이 유독 번창했던 이유는 무엇이었을까요? 한때 음악실에서 DJ를 했던 경험을 살려 손님들에게 전축 설명을 친절하고 상세하게 해주는 것은 물론 당시 전자 대리점을 대상으로 기승을 부리던 사기 피해에 휘말리지 않았기 때문입니다. 당시에는 밤 12시에서 새벽 4시까지 통금시간이었는데, 이를 이용해 사기를 치는 사람들이 많았습니다. 통금시간이 시작될 즈음 월부로 대금을 지급하기로 하고 계약금만 내고 온갖 전자제품을 잔뜩 실어가서는 함부로 밖을 나다닐 수 없는 통금시간을 이용해 물건을 가지고 도망을 치는 것입니다. 몇 푼 되지 않는 계약금만 받고 값비싼 전자제품들을 한꺼번에 잃어버리니, 그 피해가 얼마나 컸겠습니까? 이로 인한 피해 때문에 대부분의 대리점들이 견뎌내지 못했고, 도용복 회장도 이런 피해를 당할 뻔했던 적이 한두 번이 아니었습니다. 그러나 도용복 회장은 건전가요 지도 봉사활동을 7년간이나 계속 해온 덕분에 자원봉사로 인연을 맺은 사람들의 도움을 받아 사기꾼들을 잡을 수 있었습니다. 이런 일들로 인해 아직까지도 적선지인은 필유여경(積善之人 必有餘慶, 선을 베푸는 사람은 필히 좋은 일이 따른다)이라는 말을 가슴에 담고 살고 있습니다.

이렇게 번창하던 사업은 인근 도시에 전자 대리점이 우후죽순 생기면서 내리막길을 걸었습니다. 그래서 대리점을 접고 핸드백 제조업을 하다가 골프공을 만드는 사업을 하기에 이르렀습니다.

도용복 회장이 열심히 일한 덕에 지금 하고 있는 골프공 제조업체 사라토가는 40대에 이르러 안정적으로 자리를 잡았습니다. 그런데 생활에 여유가 생기면서 그는 문득 지금까지 앞만 보고 달려오느라 등한시했던 자기 자신을 돌아보게 되었다고 합니다. 그런데 자신은 '일의 노예', '돈의 노예'에 지나지 않았고, 이대로 계속 인생을 살아도 되는 것인지 강한 회의감이 들었다고 합니다. 그러던 중에 덜컥 고엽제 후유증으로 인해 몸이 아프기 시작한 것이지요. 인생에 대한 회의감에 휩싸인 상태에서 결정적으로 몸이 병들어 이대로 죽음을 맞이할지도 모른다는 절박감까지 느끼게 되면서 그는 새로운 인생을 시작해야겠다고 마음을 먹었던 것입니다.

"실수 없는 성숙은 없어요"

오지여행을 시작한 후 도용복 회장의 인생은 모든 게 달라졌습니다. 삶에 대한 철학이나 가치관은 물론 돈과 일에 대한 의미도 달라졌고, 가족들이 그를 바라보는 시선 또한 변화가 생겼습니다. 과거의 도용복 회장은 성공과 돈을 좇아 일만 하는 남편이었고, 아버지였습니다. 그러나 지금은 인생의 의미와 기쁨을 알고 그 누구보다 활기차고 능동적으로 자기에게 주어진 삶을 충실하게 사는 지혜로운 남편이자 아버지가 되었습니다. 도용복 회장은 자신을 바라보는 가족들의 달라진 눈을 보면 오지여행 시작하기를 잘했다는 생각을 가슴 깊이 한다고 합니다.

그러나 뭐니 뭐니 해도 오지여행을 시작한 후 가장 큰 변화는 강사가 되었다는 사실입니다. 도용복 회장은 다른 사람들에 비해 배움이 턱없이 부족한 자신이 강사가 될 줄은 상상도 하지 못했다고 합니다. 그런데 사회에서 내로라하는 사람들을 대상으로 강의를 하고 있으니, 얼마나 감개무량한지 모른다고 합니다. 한번은 서울의 한 대학에서 강의가 있어 밤에 지하철을 타고 목적지 역에 내려 계단을 올라가는데, 하늘에 휘영청 밝은 달이 떠있더랍니다. 그 달을 보자 그는 대학 캠퍼스를 밟고 싶어 하던 고등학교 시절의 자신의 모습이

떠오르면서 그만 목이 메어 눈물을 펑펑 흘렸다고 합니다.

그런데 만약 도용복 회장이 여행을 하기로 마음만 먹고 실행에 옮기지 않았다면 어땠을까요? 그는 사업이 지금보다 번창했을지는 모르나 과거처럼 일과 돈에 끌려다니면서 무의미한 인생을 살고 있을 것이라고 말했습니다. 이런 이유로 그는 인생을 살아가는 데 있어 마음먹은 것을 실천하는 자세가 매우 중요하다고 말합니다. 여태껏 자신은 그렇게 살아왔고, 그것이 지금의 자신을 만든 힘이라고 말이지요. 그는 베트남 전쟁에 참전했던 것처럼 무엇이든 마음을 먹으면 행동에 옮기고, 그 일이 무엇이든 포기하지 않고 끝까지 한다고 했습니다.

여행만큼이나 그가 중요하게 여기는 취미 중 하나가 음악입니다. 그는 아마추어 수준이라고 보기에 어려울 정도로 팝송, 재즈, 샹송, 클래식, 오페라 아리아까지 다양한 종류의 음악에 조예가 깊었습니다. 피아노를 비롯해 다양한 악기를 다룰 줄 알며, 20여 년 전에는 당시 이탈리아 산타체칠리아 음악원에서 유학 중이던 딸의 소개로 세계적인 성악가에게 사사하기도 했습니다. 산타체칠리아 음악원은 1566년에 세워진 이탈리아 명문 음악학교로, 세계적인 영화 음악가 엔니오 모리코네, 지휘자 카를로 마리아 줄리니, 소프라노 조수미 등이 이 학교를 졸업하였습니다.

뿐만 아니라 도용복 회장은 항상 오지여행을 떠나기 전이나 외국에 나갈 때면 잊지 않고 오페라나 뮤지컬을 한 편씩 관람합니다. 최근에는 부산오페라단이 공연한 오페라 '나비부인'에서 일본인 야마도리 역으로 출연한 적도 있습니다. 아직은 한없이 미흡하지만 오페라 가수의 길에 한 발을 내디딘 셈이지요.

무엇이든 마음먹으면 행동으로 옮겨 그 일을 끝까지 하는 자세가 남들에게는 취미에 지나지 않은 여행과 음악을 제2의 인생을 시작하는 하나의 디딤돌, 강사와 오페라 가수라는 하나의 업을 갖게 되는 기회를 제공한 것이지요. 즉, 무언가를 하기로 결정했으면 대충하지 않고 다른 사람에게 인정받을 때까지 끝까지 최선을 다하는 그의 자세가 취미로 멈출 수 있었던 여행과 음악을 하나의 일로 키워내는 자양분이 되었던 것입니다.

"지금 하지 않는 것은 영원히 하지 않는 것입니다.
마음먹은 것이 있으면 지금 바로 행동하고,
일단 시작했으면 최선을 다해야 합니다.
이런 사람들이 성공을 해요.
물론 행동하는 사람은 실수도 많이 하죠.
하지만 실수는 인간을 성숙시킵니다.
실수 없는 성숙은 없어요."

그렇다면 무엇을 하고 싶은지 모를 때는 어떻게 해야 할까요? 도용복 회장은 사색과 명상의 시간을 가져보라고 말했습니다. 그는 여행만큼이나 사색과 명상 예찬론자였는데, 하루도 거르지 않고 2시간씩 사색과 명상의 시간을 갖는다고 합니다. 그에게 사색과 명상은 여행과 마찬가지로 자신의 육체와 정신, 그리고 영혼을 정화시키고 재생, 작동시키는 행위이기 때문입니다.

명상과 사색은 자신 안에 무엇이 있는지 들여다볼 수 있는 마음의 눈을 갖게 만들어주므로 갈등이 생기거나 어떤 결정을 쉽게 내리지 못할 때 시행하면 현명한 답을 찾을 수 있다고 말했습니다. 그런데 그는 사색과 명상을 가만히 앉아서 하는 것이 아니라 산길을 걸으면서 한다고 합니다. 그러니까 그에게 사색과 명상은 곧 길 위의 여행이고, 길 위의 여행은 곧 사색과 명상인 셈이지요.

천 개의 슬픔을 이기는 단 하나의 기쁨을 얻는 길

도용복 회장에게 여행이나 사색과 명상, 음악 등은 무료함을 달래는 단순한 취미가 아니었습니다. 심신은 물론 영혼을 정화시키고 자신을 다시 작동, 재생시키는 원동력이자 돈과 일, 성공에 얽매이지 않고 자연과 사람을 귀하게 여기고 나눔에 대한 열망을 자극하여 가치 있고 보람 있는 인생을 살도록 인도하는 등불과도 같은 존재였습니다. 때문에 도용복 회장은 퇴직 후 어떠한 인생을 살아야 할지, 남아도는 시간을 어떻게 보내야 할지 고민하는 사람들에게 무엇이든 취미를 가지라고 조언했습니다. 특히 여행이나 사색과 명상, 음악 등은 그냥 흘러가는 시간을 의미 있고 즐겁게 보내는 데도 도움이 되지만 영혼에 커다란 울림을 주기 때문에 적극적으로 권한다고 했습니다.

그런데 여행은 돈이 많이 들지 않느냐고요? 도용복 회장은 이 말에 강한 거부반응을 보였습니다.

"많은 사람들이 여행은 경제적으로 여유로워야 할 수 있는
것이라고 생각하는데, 결코 그렇지 않습니다.
자기가 어떻게 하느냐에 따라 얼마든지 경제적으로
부담되지 않게 여행을 즐길 수 있습니다.
저 같은 경우는 항상 여행 떠나기 6개월 전에 미리
비행기 예약을 합니다. 그러면 반 가격에 갈 수 있거든요.
그리고 짐은 베개만 한 가방 하나만 들고 갑니다.
저는 여행가이지 관광객이 아니거든요.
짐을 바리바리 싸서 가는 사람은 진정한 여행가가 아니에요.
또 일부러 많은 곳을 경유하는 비행기를 탑니다.
그래야 비행기 값도 싸고 오지여행을 하는 의미가 있거든요.

경유지에서 뭐하냐고요?

밤새도록 자지 않고 사진을 찍습니다.

잠은 비행기 안에서 자면 되니까요.”

단 하나의 기쁨이 천 개의 슬픔을 이긴다고 생각하는 도용복 회장. 취미는 그 단 하나의 기쁨을 얻을 수 있는 훌륭한 도구이며, 그 기쁨을 얻을 수 있다면 앞으로의 인생이 훨씬 행복하고 풍요로워질 것이라고 그는 확신했습니다. 그래서 돈이 되든 안 되든 자기가 좋아하고 하고 싶은 취미를 갖는 것은 매우 가치 있고 보람 있는 일이라고 말합니다. 그래서 지금 하고 싶은 것이 있거든 당장 실천하라고 말합니다. 지금 하지 않는 것은 영원히 하지 않는 것이니까요.

김
호

•

한국 축구의 살아있는 명장,
다시 그라운드에 서다

•

1944년 경상남도 통영 출생으로, 초등학교 4학년 때 우연한 계기로 축구를 시작해
21세에 가슴에 태극마크를 달고 8년 동안 아시아 최고의 수비수라는 평을 들으며
국가대표로 활약했습니다. 그러다가 34세에 은퇴를 하고, 1975년 모교인
부산 동래고등학교 축구부를 시작으로 한일은행 축구단, 울산 현대 프로축구단,
수원 삼성 블루윙즈, 대전 시티즌의 감독직은 물론 1994년 미국 월드컵 국가대표팀
감독까지 역임하며 지도자로서 최고의 전성기를 보냈습니다.
그 이후 다시 고향 통영으로 내려가 아이들을 가르치다가 최근 용인시축구센터
총감독을 맡으며 '제3의 축구인생'을 살고 있습니다.

한국 축구의 살아 있는 '역사'이자 '명장'이라고 불리는 김호 전 축구 국가대표팀 감독에게는 평생 지워지지 않는 장면이 있습니다. 코스모스가 흐드러지게 핀 들판에서 가슴 아프게 눈물을 흘리던 까까머리 중학생 시절의 자신의 모습입니다. 그때 그가 이렇듯 남몰래 자주 눈물을 흘렸던 이유는 축구를 잘하고 싶은 마음이 간절한데도 이런 자신을 이끌어줄 지도자가 없다는 절망감 때문이었습니다.

지금이야 교통편이 좋아져 서울에서 고속버스를 타고 4~5시간이면 도착하는 곳이지만 김호 전 감독의 고향이자 어린 시절을 보냈던 통영은 당시만 해도 타지 사람들에게는 제주도만큼이나 멀게만 느껴지는 지역이었습니다. 당시 한국은 물론 아시아가 축구의 불모지였던 상황에서 이런 곳에 축구 전문 지도자가 있었을 리 만무하지요. 그러나 축구를 잘하고 싶은 마음이 너무도 컸기에 김호 전 감독은 자신이 처한 현실이 늘 안타깝고 답답했습니다. 그래서 이때 김호 전 감독은 이런 다짐을 했다고 합니다.

'만약 내가 훌륭한 축구선수가 되면
꼭 고향에 다시 내려와 후배들을 가르치자.'

고향 후배들에게는 자신과 같은 아픔을 겪지 않게 하고 싶었던 것이지요. 김호 전 감독은 마음이 약해지고 나태해질 때마다 이 다짐을 떠올리며 자신을 채찍질하고 또 채찍질했습니다. 그 결과 김호 전 감독은 통영의 두룡초등학교, 통영중학교, 부산의 동래고등학교 축구부를 거쳐 1964년 실업 축구팀인 제일모직 축구단에 입단했고, 그의 나이 21세에 가슴에 태극마크를 달고 8년간 국가대표 선수로 활약하였습니다.

지금의 김호를 만든 스승, 안종수 감독

모든 축구선수가 그리하듯 김호 전 감독도 처음 국가대표가 되었을 때의 기쁨은 이루 말할 수 없었습니다. 여태까지 피눈물을 흘리며 고생했던 순간들이 주마등처럼 스쳐지나갔지요. 그러나 김호 전 감독은 국가대표로 발탁되고도 약 1년간 대표팀에서 뛸 수 없었습니다. 왜냐하면 그때 그가 소속되어 있던 제일모직 축구단의 안종수 감독이 국가대표팀에서 뛰는 것을 허락하지 않았기 때문입니다. 그 이유는 지금 실력으로는 국가대표 선수로 뛸 수 없다는 것이었습니다. 그 당시에는 국제대회가 있을 때마다 국가대표를 선발하였는데, 1965년 한·중·일 친선경기를 앞두고 어렵게 3차까지 선발전을 치르고 대표팀에 뽑힌 김호 전 감독 입장에서는 속상하지 않을 수 없었습니다.

그러나 얼마 지나지 않아 안종수 감독의 생각이 옳다는 것을 깨달았습니다. 김호 전 감독은 오랜 시간 자신이 국가대표 선수로서 한 번도 벤치에 앉지 않고 아시아 최고의 수비수로 명성을 떨칠 수 있었던 것은 안종수 감독이 지만하지 않고 훌륭한 선수가 될 수 있도록 자신을 끊임없이 담금질시켰기 때문이라고 말했습니다.

사실 그 담금질은 김호 전 감독의 고등학교 시절부터 시작되었습니다. 통영에 고등학교 축구부가 없어 어쩔 수 없이 부산 동래고등학교로 유학을 떠난 김호 전 감독은 그곳에서 축구 인생의 롤 모델이 된 스승을 만나게 됩니다. 그가 바로 안종수 감독입니다. 안종수 감독은 현 대한축구협회(KFA) 전무이사의 부친이자 1948년 런던 올림픽 국가대표로 활약했던 인물로, 김호 전 감독이 '지금의 김호를 만든' 사람이라고 자평할 정도로 존경하고 따르던 스승이었습니다. 김호 전 감독은 안종수 감독이 있었기에 고등학교 시절 힘든 객지생활을 견딜 수 있었고 축구선수로서 두각을 나타낼 수 있었다고 말했습니다.

안종수 감독은 원래 공격수였던 김호 전 감독에게 수비수를 시켜 그가 우리나라를 대표하는 수비수로 성장하는 데 큰 도움을 주었을 뿐만 아니라 제일모직 축구단에 입단하는데도 결정적인 역할을 했습니다. 그가 고등학교를 졸업하자마자 어린 나이에도 불구하고 제일모직 축구단에 입단할 수 있었던 것은 안종수 감독의 추천이 있었기 때문입니다. 때마침 제일모직 축구단 감독으로 선임되었던 안종수 감독은 고등학교 3년 동안 눈여겨본 김호 전 감독을 자신의 팀으로 데리고 가고 싶어 했고, 김호 전 감독은 자신이 존경하는 안종수 감독의 뜻을 받아들여 대학이 아니라 실업팀을 선택했던 것이지요. 그렇게 제일모직 축구단에 입단한 김호 전 감독은 당시 제일모직에 국가대표 선수만 무려 15명이 있었는데도 불구하고 선발로 뛰었습니다. 그만큼 김호 전 감독에 대한 안종수 감독의 신임이 두터웠던

것이지요. 안종수 감독이 국가대표로 활약하는 것을 허락하지 않았을 때에는 잠시 원망스러운 마음이 들었지만 그를 믿고 누구보다 열심히 팀 훈련뿐만 아니라 개인 연습도 게을리 하지 않았습니다. 그 결과 1년 후인 1966년 아시아에서 가장 오래된 국제축구대회인 메르데카컵을 통해 화려한 데뷔식을 치르며 본격적으로 국가대표 선수로서의 생활을 시작하게 되었습니다.

롱런의 비결

국가대표로 맹활약하며 제일모직을 비롯한 여러 실업팀을 거친 김호 전 감독은 34세에 포항제철을 끝으로 선수생활을 마감하게 됩니다. 그리고 1975년 코스모스가 핀 들판에서 중학교 때 했던 다짐대로 모교인 동래고등학교 축구부 감독을 맡으면서 지도자의 길을 걷기 시작했지요.

그는 한일은행 축구단, 울산 현대 프로축구단, 수원 삼성 블루윙즈, 대전 시티즌의 감독직을 지냈음은 물론 1994년에는 미국 월드컵 국가대표팀 감독까지 역임하며 선수 시절 이상으로 지도자로서 최고의 전성기를 보냈습니다. 그 이후 다시 고향 통영으로 내려가 아이들을 가르치다가 최근 용인시축구센터 총감독을 맡으며 '제3의 축구인생'을 시작했습니다. 그가 용인에서 다시 새로운 도전을 시작한 이유는 정찬민 용인시장이 가지고 있는 축구에 대한 생각이 자신과 일맥상통하는 점이 많았기 때문입니다.

정찬민 시장은 우리나라 축구가 발전하려면 국가대표팀이 좋은 성적 올리기에만 급급할 것이 아니라 우리나라 축구의 질을 전반적으로 높여야 하며, 그러기 위해서는 오랜 세월 많은 경험과 노하우를 체득한 좋은 축구 전문 지도자가 미래에 우리나라 축구계를 이끌어갈 유소년 선수들의 육성에 힘쓰는 장기적인 관점의 시스템을 갖춰야 한다는 생각을 가지고 있었습니다. 용인시축구센터는 이러한 생각으로 세워졌습니다.

김호 전 감독은 늘 우리나라의 축구계를 이끌어갈 훌륭한 선수와 전문 지도자를 키우는 것이 마지막 남은 자신의 책임이자 의무라고 생각해왔습니다. 축구인으로서 남은 인생을 이런 곳에서 헌신하고 봉사할 수 있다면 이보다 더 큰 의미와 보람이 없을 것이라고 생각했습니다. 장소는 달라졌지만 김호 전 감독은 이곳에서 축구 꿈나무 육성과 또 그 꿈나무를 가르치고 이끄는 지도자 양성에 힘쓰고 있습니다.

그렇다면 김호 전 감독이 지도자로서 이처럼 오랜 세월 현역으로 뛸 수 있었던 비결은 무엇일까요? 그 비결은 아주 간단했습니다. 어떤 분야에서든 롱런을 하려면 '내 모든 것을 올인해야 한다'는 것입니다.

> "어떤 일을 하든 올인하지 않으면 안 돼요. 성공할 수가 없습니다.
> 어느 정도까지 해야 하느냐 하면 다른 사람이 느끼지 못한 것을
> 몇 배로 느껴야 할 만큼 최선을 다해야 성공할 수 있습니다.
> 내가 오늘 이 일을 그만두더라도 마지막 순간까지
> 최선을 다하는 자세를 가져야 성공할 수 있어요."

실제로 김호 전 감독은 선수일 때나 지도자일 때나 자신에게 주어진 일에 남들보다 최선을 다했기 때문에 두각을 나타낼 수 있었다고 했습니다. 예를 들어 그가 제일모직 축구단에 입단할 당시, 그는 어머니에게 3년 동안 집에 오지 않을 것이라고 말했다고 합니다. 훌륭한 선수가 되기 위해 내린 결단이었지요. 그리고 그 다짐을 실천하기 위해 평소 남들 다 쉴 때에도 따로 개인 운동을 하는 것은 물론 휴가나 명절 때에도 혼자 숙소에 남아 운동을 하였다고 합니다.

지도자가 되어서도 마찬가지입니다. 그는 다른 것에 전혀 관심을 두지 않고 오직 축구만을 생각하고 축구만을 위해 살았다고 합니다. 그런데 김호 전 감독의 롱런 비결은 그의 것만은 아니었습니다. 오랜 세월 현역에서 활동하는 많은 유명인들이 김호 전 감독과 같은

비결을 가지고 있었습니다.

그 대표적인 예가 드라마, 영화, 애니메이션, 게임으로 재탄생해 공전의 히트를 쳤던 '각시탈', '비트', '타짜', '식객'의 원작자인 만화가 허영만 작가입니다. 1966년 여수에서 고등학교 졸업장을 받자마자 이불 한 채 둘러메고 서울로 상경하여 만화가의 길을 걷게 된 허영만 작가는 50년이 지난 지금까지도 왕성하게 작품 활동을 하며 많은 사람들에게 큰 즐거움과 울림을 선사하고 있습니다.

허영만 작가가 50년 동안 은퇴 없이 현역에서 활발하게 활동할 수 있었던 것은 그의 첫 스승인 만화가 박문윤 작가가 한 인터뷰에서 말했던 것처럼 '필요 이상'으로 노력하는 사람이었기 때문입니다. 그의 말에 따르면 허영만 작가는 앞날을 내다보고 이해득실을 따지는 것이 아니라 오직 그 순간에만 몰입하는 사람이었다고 합니다. 어떤 일이든 주어진 일에 혼신을 다했던 사람이었다는 얘기지요.

2년 동안 허영만 작가의 문하생이었던 '이끼'를 그린 윤태호 작가 역시 허영만 작가는 25~30쪽에 이르는 연재 원고 1회분을 쓰는 데도 무려 20~30권에 이르는 참고서적을 보았고, 한 번 취재를 나갔다 하면 사진을 찍은 필름통의 양이 어마어마했다고 합니다. 관상에 대한 내용을 다룬 만화 '꼴'을 그릴 때에도 무려 4년 동안 일주일에 3시간 씩 역술인에게 과외를 받았는데, 얼마나 열심히 공부했던지 그의 과외를 맡았던 역술인은 그의 실력이 평생 자신이 기른 제자 중 다섯 손가락 안에 들 정도라고 말했습니다. 역술서인 마의상서(麻衣相書), 유장상서(柳莊相書)를 탐독하며 공부하는 것은 물론 스승이었던 역술인과 함께 지하철을 타고 다니며 사람들의 관상을 보았다고 하니, 그의 노력이 대단히 아니할 수 없습니다.

현재 그는 한의학을 소재로 다룬 만화를 준비하고 있는데 이를 위해 지난 4년 동안 3명의 한의사로부터 한의학을 배웠고, 앞으로도 몇 년을 더 공부할 계획이라고 합니다. 이러한 '필요 이상'의 노력이 있었기에 그는 한때 잘나갔던 작가들이 모두 은퇴할 때 함께 밀려나지 않고 지금까지 롱런할 수 있었던 것입니다.

축구는 인생의 축소판과 같다고 말하는 김호 전 감독. 그는 매순간 판단하고 선택해야 하는 축구처럼 우리네 인생도 판단하고 선택하며 만들어가는 것이며, 축구선수가 경기를 하다가 갑자기 멈추면 안 되듯 인생도 죽는 그 순간까지 지속적으로 무엇인가를 하며 만들어가야 한다고 생각했습니다. 그러기 위해서는 어떤 일을 하든 자신이 할 수 있는 일이 있다는 것에 감사하며 최선을 다하는 것이 중요하다고 말합니다. 고령자들의 경우 현실적으로 젊었을 때처럼 자신의 입맛에 맞는 일자리를 구하기가 어렵습니다. 그래서 화려했던 과거의 모든 것을 내려놓고 그 여건에 맞는 일을 찾아야 한다고 했습

니다. 그 일이 얼마나 그럴싸하냐가 중요한 것이 아니라 살아 있는 그날까지 주어진 일에 최선을 다하며 자신의 인생을 만들어간다는 것이 중요하기 때문에 허드렛일이라도 하겠다는 마음으로 손에서 일을 놓지 않아야 인생을 의미 있고 가치 있게 보낼 수 있다고 강조했습니다.

아울러 고령자 스스로 손에서 일을 놓지 않는 노력도 중요하지만 사회적으로 나이가 많다는 이유로 충분히 일할 수 있는 능력이 있는 고령자들을 현역에서 밀어내는 상황도 개선되어야 한다고 말했습니다. 그는 고령자들을 무조건 일선에서 물러나게 할 것이 아니라 능력 있는 고령자들이 가지고 있는 노하우, 경험 등을 젊은 세대들에게 전수할 수 있는 시간을 줘야 한다고 했습니다.

"제 고향 선배가 영국에 유학을 갔다 온 적이 있습니다.
그때 제가 그 형에게 물었습니다. 영국 가니까 어떠냐고.
그랬더니 그 형이 이런 말을 했습니다.
'배울 것은 하나 있더라. 영국은 기계하고 사람하고
같이 늙어가더라.' 기계를 오래 다룬 사람은 그 기계가
돌아가는 소리만 들어도 어디가 고장이 났는지 알 수 있습니다.
공부해서는 모르죠. 우리나라에서도 이를 인정하고,
능력 있고 노련한 고령자들이 일할 수 있고 그 능력을
다음 세대에게 전할 수 있는 여건을 마련해줘야 해요."

이런 측면에서 김호 전 감독은 자신은 행복한 사람이라고 했습니다. 용인시에서 자신을 인정하고 자신의 노하우와 능력을 마음껏 펼칠 수 있는 기회를 주었으니까 말이지요. 자신이 선택받은 사람이라는 것을 너무도 잘 아는 만큼 그는 더욱더 지금 자신에게 주어진 일에 최선을 다할 것이라고 말했습니다. 그래야 자신이 하나의 좋은 본보기가 되어 고령자들이 자신의 노하우와 능력을 펼칠 수 있는 기회가 조금이라도 더 주어질 것이라고 생각하기 때문입니다.

김호 전 감독은 코스모스가 핀 들판에서 눈물을 흘리던 어린 시절의 자신의 모습과 함께 머릿속에서 지워지지 않는 또 하나의 장면이 있다고 합니다. 독일에서 만난 빌리 브란트 총리의 모습입니다.

1992년에 세상을 떠난 빌리 브란트는 1969년부터 1974년까지 독일 연방공화국, 그러니까 당시 서독의 제4대 총리를 지낸 인물로, 동독, 폴란드, 소련과 같은 공산주의 국가들과 우호적인 관계를 만들어 독일 통일의 기틀을 마련했다는 평가를 받고 있습니다. 그 공로를 인정받아 노벨 평화상까지 받았지요.

이런 그를 김호 전 감독이 만난 것은 아주 우연이었습니다. 일이 있어 독일에 간 김호 전 감독은 길에서 단 두 명의 경호원을 데리고 서점으로 들어가는 빌리 브란트 총리를 목격했다고 합니다. 그와 사진을 찍고 싶었던 김호 전 감독은 통역사를 통해 그 부탁을 경호원에게 했고, 경호원은 자신이 총리가 아니니 직접 물어보라고 얘기했다고 합니다. 이런 말을 할 줄 아는 독일 사람들에게 깊은 감명을 받았다는 김호 전 감독. 그런데 김호 전 감독은 독일 사람들에게 다시한 번 큰 감동을 받았다고 합니다.

빌리 브란트 총리가 책을 사기 위해 줄을 서려고 하기에 김호 전 감독이 비켜주려고 하니 극구 사양하면서 30분 정도 줄을 선 뒤 계산을 했다고 합니다. 김호 전 감독은 자기에게 맡겨진 일을 할 때는 그 일에 최선을 다하고, 일이 끝났을 때는 평범한 사람으로 돌아가는 그의 모습을 보면서 리더는 어떠해야 하고, 어른은 어때야 하는지를 가슴 깊이 깨달았다고 합니다.

그런데 그날 빌리 브란트 총리가 그토록 오랜 시간 줄을 서야 했던 이유는 기다리는 사람이 많았을뿐더러 계산대에서 일하는 사람이 정신지체 장애인이었기 때문입니다. 아무래도 비장애인보다 일하는 속도가 느리다 보니 계산하는 시간이 길었던 것이지요. 그러나 그곳에 있는 그 누구도 이에 대해 불평, 불만을 표시하지 않았다고 합니다. 이를 보면서 김호 전 감독은 또 국민의식은 어떠해야 하는지 깊이 깨달았다고 합니다.

드디어 오랜 기다림 끝에 빌리 브란트 총리와 사진을 찍게 된 김호 전 감독은 자신도 이 사람과 같은 리더, 어른이 되어야겠다고 다짐했다고 합니다. 그리고 그 다짐을 실천하기 위해 과거는 물론 지금도 노력하고 있으며, 앞으로도 죽는 그 순간까지 그 노력을 멈추지 않을 것이라고 말했습니다.

박
상
희

·

끝없는 열정,
일과 함께 행복한 후반 인생을 열다

·

전라남도 보성에서 태어난 박상희(68세) 씨는 이화여자대학교를 졸업하고

결혼 후 20년 넘게 전업주부로 지내다가 46세라는 적지 않은 나이에

사회생활을 시작했습니다. 그러던 중 2013년 KBS 1TV의 특별기획 프로그램

'생로병사의 비밀- 건강하게 나이 드는 법'에 피실험자로 참여해

고령자 친화기업 '싱그로브' 카페와 인연을 맺었고,

지금까지 3년여 동안 이곳에서 활기차게 일하며 행복한

후반 인생을 보내고 있습니다.

그 누구도 아닌 자기 스스로의 힘으로 후반 인생을 개척하여 행복한 노후, 행복한 인생을 보내고 있는 사람들을 찾아 떠난 여정에서 박상희 씨를 만났습니다.

서울지하철 강남구청역 인근에 위치한 시니어 카페, '싱그로브'에서 일하는 박상희 씨는 68세라는 나이가 무색할 정도로 백발은 성성하지만 소녀처럼 해맑은 표정을 가지고 있었습니다. 그래서 그녀는 사람들에게 종종 여태껏 살면서 고생이라고는 전혀 해보지 않은 부잣집 사모님처럼 보인다는 말을 듣곤 한다고 합니다. 그러나 그녀는 '누구와 비교해도 힘들 만큼' 어려운 시간을 보냈다고 자평할 만큼 녹록하지 않은 인생 전반전을 보냈습니다.

물론 인생 전반전이 모두 힘겨웠던 것은 아닙니다. 그녀는 남부럽지 않은 유년 시절과 학창 시절을 보냈습니다. 부유한 가정에서 태어나 공부도 곧잘 했던 그녀는 이화여대를 졸업했고 형제자매들 또한 그 어려운 시절에 모두 대학을 나왔습니다. 전남 보성 시골에서 자식들 모두 대학 공부를 시켰을 정도이니 집안 형편이 어떠했는지 짐작할 수 있을 것입니다. 때문에 박상희 씨는 모든 것이 하늘에서 뚝 떨어지는 것인지 알았고, 자신이 얼마나 많은 것을 누리고 사는 사람인지 몰랐다고 합니다.

"우리 아들 이름이 뭔지 아세요?

배로예요. 정배로."

　이런 그녀의 삶이 흔들리기 시작한 것은 남편을 만난 이후부터였습니다. 영화보다 더 영화처럼 만난 남편은 결혼생활 내내 가장으로서, 남편으로서, 또 아이들의 아버지로서 실망스러운 모습을 보여주며 그녀의 마음을 아프게 했습니다. 또한 경제적으로도 힘들어 결혼생활 중에 남편과 헤어지고 싶은 마음이 한두 번이 아니었습니다. 그럼에도 가정을 지켰던 이유는 오직 하나, 아이들의 행복이었습니다. 세상 모든 엄마가 그러하듯 그녀는 자기 자신의 고통보다 자식의 고통을 먼저 생각했습니다.

　그렇게 세월이 흘러 아이들은 대학생이 되었고, 끊임없는 노력과 헌신에도 좀처럼 변하지 않는 남편의 모습에 지친 그녀는 결국 이혼을 결심했습니다. 이때 그 어떤 자식도 그녀의 결단을 막아서지 않았습니다. 오랜 세월 아버지로 인해 힘들어하는 어머니의 모습을 옆에서 지켜봐왔기 때문이지요.

　그렇게 그녀는 45세에 혼자가 되었고, 남편으로 인해 삶이 너무도 고단했기에 아들에게 '배로'라는 이름을 지어주었던 것입니다. 배로라는 뜻은 '두 배로, 세 배로, 네 배로' 성실하고, 근면하고, 잘 살라는 의미입니다. 그러니까 배로라는 이름에는 '누구보다 성숙한 인간으로 성장해서 자신에게 주어진 삶을 충실하게 살며 더 많은 행복을 누리라'는 엄마로서 그녀의 염원이 담겨 있는 것이지요.

갖고 있는 것을 내려놓을 수 있는 용기

홀로 아이들을 데리고 살기 시작하면서 박상희 씨는 더 이상 남편으로 인해 심적 고통을 겪지 않게 되었습니다. 그러나 경제적인 고통에서는 벗어날 수 없었습니다. 그도 그럴 것이 이혼을 하면서 집을 팔아 남편이 진 빚을 모두 청산하고 나니 겨우 지하 월세방 하나 구할 돈밖에 남지 않았기 때문입니다. 잠시 그녀는 자신의 처지를 비관하며 절망하기도 했지만 자신을 믿고 응원하는 자식들을 바라보며 주저앉고 싶은 마음을 다시 추슬렀습니다. 그리고 깜깜한 지하방에서 나와 세상 속으로 뛰어들었습니다.

생활전선에 뛰어든 그녀가 처음 시작한 일은 화장품 영업이었습니다. 그러나 용기를 내어 일을 시작하기는 했지만 결코 만만치 않았습니다. 일단 자신 스스로 일을 하기에 나이가 너무 많다고 생각했고, 대학 졸업 후 20년을 넘게 살림만 했기 때문에 모든 것이 어색하고 서툴렀습니다. 또한 당시 영업에 대한 인식이 좋지 않은 데다

무의식중에 '명색이 이화여대를 나왔는데 내가 이런 일을 해야 하나?' 하는 마음이 크게 자리하고 있어서 열정적으로 일에 집중하기가 어려웠습니다. 자신이 하는 일을 수치스럽게 생각하는 사람이 어떻게 일을 열심히 할 수 있겠습니까? 그래서 당시 박상희 씨는 이런 생각을 했다고 합니다.

> "그때 시장에서 장사하는 사람들이
> 그렇게 부러울 수가 없었어요.
> 저와 달리 체면치레를 할 것도 없이 모든 것을 내려놓고
> 일을 하는 모습이 너무 부러웠지요."

이렇듯 '명문대를 나온 사람'이라는 사슬은 늘 박상희 씨를 옭아맸고, 그녀는 이 사슬을 끊어내기 위해 몸부림을 쳤습니다. 그러나 이

사슬은 쉽게 끊어지지 않았고, 그때마다 그녀는 고통스러워했습니다. 하지만 일을 계속 하면서 모든 사람들이 다 재능이 있고 나보다 못난 사람은 없다는 것을 깨닫게 되었습니다. 집에 멍하니 앉아 쓸모 없는 존재로 사는 것보다 이에 연연하지 않고 용감무쌍하게 사는 것이 낫다는 생각을 하게 되면서 자연스럽게 이 사슬에서 벗어날 수 있었습니다. 그렇게 심리적 갈등과 고통에서 벗어난 박상희 씨는 그 어느 때보다도 자신에게 주어진 일에 최선을 다할 수 있게 되었습니다.

싱그로브와 맺은 인연

박상희 씨가 생활전선에 뛰어든 이후 도전했던 일들은 한두 가지가 아니었습니다. 한 직장에 오래 다닐 수 있으면 더 없이 좋겠지만 그녀의 의지와는 상관없이 일을 그만둬야 하는 상황이 벌어졌기 때문입니다. 그럼에도 불구하고 그녀는 손에서 일을 놓지 않았습니다. 시간이 갈수록 일은 그녀에게 단순히 돈을 버는 수단 이상의 의미가 되었기 때문입니다.

"젊은 시절 일의 의미가 돈을 벌기 위한 것에 있다면
노후에는 자신을 발전시키고

존재가치를 느끼게 하는 것에 있는 것 같아요.
일을 하면 '아, 아직도 사회에서 나를 필요로 하는구나!'라는
생각을 하게 되어 괜스레 어깨가 으쓱해지고
자부심이 생기지요.”

이런 그녀가 다시 한 번 인생에 크나큰 전환점을 맞이하게 된 것은 2013년이었습니다. 잠시 일을 쉬고 있던 박상희 씨는 아침 일찍 등산을 갔다가 평소에 잘 보지 않던 TV를 보게 되었는데, 때마침 MC 이금희 씨가 진행하는 KBS의 '아침마당'이 방영되고 있었습니다. 그런데 방송 화면 하단으로 KBS 시사 교양 프로그램인 '생로병사의 비밀'에서 65세 이상의 고령자들이 일을 했을 때와 일을 하지 않았을 때 뇌에 어떤 변화가 있는지 알아보는 실험에 참여할 사람을 모집한다는 자막이 지나가고 있었습니다. 자막을 보자마자 마치 자석에 이끌리듯이 전화기를 들었다는 박상희 씨. 그렇게 그녀는 '생로병사의 비밀' 팀과 인연이 닿았고, 적지 않은 경쟁률을 뚫고 피실험자 3명 중 1명으로 선발되었습니다.

피실험자로 선택된 박상희 씨는 지금 일하고 있는 '싱그로브'에서 3주 동안 커피를 만드는 바리스타 체험을 했습니다. 싱그로브는 강남구와 보건복지부, 한국노인인력개발원이 협약을 맺고 운영하는

시니어 카페로, 일하는 사람들을 고령자 위주로 채용하는 고령자 친화기업입니다. 짧지만 바리스타라는 색다른 직업을 체험한 그녀는 현장에서 생산성 있는 일을 하는 기쁨과 보람이 얼마나 큰지 깨달았습니다. 그리고 그 여운이 좀처럼 가시지 않아 바리스타 체험 마지막 날, 적극적으로 싱그로브에서 계속 일을 하고 싶다는 의사를 밝혔습니다. 다행스럽게도 그녀의 바람은 이루어졌고, 지금까지 이곳에서 일을 하고 있습니다.

하늘은 스스로 돕는 자를 돕는다

싱그로브는 박상희 씨 스스로 '내 인생에 르네상스가 왔다!'라고 표현할 정도로 그녀에게 건강하고 활기찬 후반 인생을 선사한 일터입니다. 이러한 일터를 구할 수 있었던 것은 그 어떤 것에도 연연하지 않고 적극적으로 구직활동을 펼쳤기 때문입니다. 만약 그녀가 집 안에만 틀어박혀 있었다면 지금의 그녀는 없었을 것입니다. 그래서 박상희 씨는 일을 하고 싶은 마음은 간절하면서도 '다 늙어서 뭘 해'라며 신세한탄만 하는 노인들을 보면 안타깝기도 하고, 때론 답답하다는 생각까지 든다고 합니다.

"하늘은 스스로 돕는 자를 돕는다는 말이 있어요.
젊었을 때는 잘 몰랐는데 나이가 드니까
이 의미를 잘 알겠더라고요.
내가 나를 사랑하지 않고 아무것도 하지 않는데
무슨 결과물이 있겠습니까?
일을 하고 싶다면 나이 들었다고 포기하지 말고
끊임없이 도전해야 해요.
누구든지 관심을 갖고 찾으면 일을 찾을 수 있습니다."

그러면서 그녀는 한 가지 일화를 들려주었습니다. 우여곡절 끝에 지하 월세방에서 벗어나 아파트에 살며 한창 일을 하고 있을 무렵이었습니다. 같은 동에 사는 한 아기 엄마가 늘 퇴근하는 그녀를 보며 "그 나이에 아직도 일을 하세요?"라며 부러운 눈빛을 보냈다고 합니다. 자신은 할 줄 아는 것도 없고 자신감도 없다면서 말이죠. 그래서 어느 날 그녀는 자신이 관심을 갖고 찾으면 누구나 일을 찾을 수 있다는 얘기를 들려주며 용기를 북돋워주었다고 합니다. 이 말에 자극을 받은 아기 엄마는 간호보조사 자격증을 취득해 지금까지 병원에서 일을 하고 있다고 합니다.

"사람은 무엇을 찾으려고 하고 무엇을 필요로 하면
그것이 눈에 보여요.
반면에 관심이 없으면 눈에 보이지 않죠.
왜 물건을 찾을 때도 그렇잖아요. 일도 마찬가지예요.
내가 관심을 갖고 찾아야 찾을 수 있어요."

또한 그녀는 나이가 들어서 일을 구할 때는 무엇보다도 과거의 모든 것을 다 내려놓아야 한다고 말했습니다. 과거에 달았던 '계급장'도 떼고 '명함'도 버려야 일자리를 찾을 수 있다는 얘기이지요. 그녀는 한창 잘나갔던 과거에 사로잡혀 체면을 따지고 자존심만 앞세우면 취업은 물론 창업을 해도 성공할 수 없다고 말했습니다. 그런데 이는 비단 박상희 씨만의 얘기가 아닙니다. 과거에 그 누구보다 화려한 시절을 보냈던 많은 유명인들이 입을 모아 하는 말입니다.

대기업 부회장에서 호텔식당 웨이터로 변신하여 세상을 깜짝 놀라게 했던 고 서상록 전 삼미그룹 부회장이 그 대표적 인물이라고 할 수 있습니다. 그는 고려대학교를 졸업한 후 국회의원 후보로 출마하며 정계와 인연을 맺었습니다. 미국에서 부동산투자회사를 설립해 성공했고, 우리나라 재계 순위 26위였던 삼미그룹 부회장을 지낸, 누구나 부러워하는 명함을 가지고 있었던 사람입니다.

그러나 그는 IMF로 자신이 일하던 회사가 부도나자 새로운 결심을 했습니다. 환갑이 넘은 나이에 과거의 지위나 명성에 연연하지 않고 롯데호텔 프랑스 식당 견습 웨이터로 취직을 한 것입니다. 뿐만 아니라 어떤 웨이터보다도 더 충실하게 일을 하였습니다. 나이에 연연하지 않고 한참 어린 직장 선배에게 늘 선배님이라고 부르며 깍듯이 인사했고, 선배들과 함께 퇴근을 하거나 외출을 할 때면 가장 먼저 엘리베이터로 달려가 버튼을 누르고 기다렸다가 선배가 탑승한 후에 올라탔습니다.

심지어 회식을 하게 되면 나이 어린 선배에게 먼저 술을 따라주고 맨 마지막에 잔을 받았다고 하니, 그 누가 이 사람이 과거에 대기업 부회장까지 지냈던 사람이라고 짐작이나 하겠습니까? 그는 나이는 물론 과거의 학력, 경력, 직위를 모두 버리고 새로운 일을 찾았고, 또 그 누구보다 자신에게 주어진 일에 최선을 다했습니다.

덕분에 그는 스스로 웨이터 생활을 했던 때가 자신의 인생에서 가장 행복했던 순간이었다고 얘기할 만큼 어떤 사람보다도 후반 인생을 의미 있고 행복하게 보낼 수 있었습니다. 과거의 모든 것을 던져버린 대신 행복하고 풍요로운 후반 인생을 얻은 것이지요.

남 신경 쓰다가 내 삶은?

마지막으로 박상희 씨는 노년에 일을 구할 때 절대 잊지 말아야 할 것은 직업의 귀천을 따지지 않고 자기가 좋아하고 잘하는 일을 해야 한다고 했습니다. 지금 그녀는 싱그로브에서 주방 일을 하고 있습니다. 그 누구도 아닌 자신이 그 일을 원했기 때문입니다. 그런데 사람들이 종종 그녀에게 왜 바리스타를 하지 주방 일을 선택했느냐고 묻는다고 합니다. 주방 일을 하찮게 여기는 것이지요. 그러나 그녀는 요리하는 것을 즐거워하고 자신 있었기 때문에 주저하지 않고 주방 일을 택했습니다.

"나이가 많든 적든 남의 눈을 신경 쓰지 말고 내가 좋아하고 잘하는 일을 선택해야 해요. 특히 나이가 많을수록 그래요. 불과 얼마 전까지 어디 요리사를 좋게 생각했나요? 옛날에 사람들이 선호했던 직업들이 지고 주목받지 못했던 직업들이 뜨고 있어요. 직업의 선호도는 계속 변하지요. 이 점을 생각한다면 무슨 일이든 할 수 있지 않을까요? 나이가 들면 이런 열린 마음가짐이 필요해요."

서상록 전 부회장도 박상희 씨와 비슷한 직업관을 가지고 있었습니다. 롯데호텔에 구직활동을 할 당시, 원래 서상록 전 부회장은 그곳 사장으로부터 프랑스 식당의 총지배인 자리를 제안 받았다고 합니다. 환갑이 넘은 나이에 20대 젊은 사람들 밑에서 일하는 것이 결코 쉽지 않으리라는 판단 때문이었지요. 그러니까 호텔 사장은 서상록 전 부회장의 입장을 최대한 배려한 것이지요. 그러나 서상록 전 부회장은 이 제안을 단호히 거절하고 말단 웨이터부터 시작하겠다고 말했습니다. 음식이나 와인, 커피, 서비스 등 자신이 일하는 식당에 대해 전혀 아는 것이 없는 상황에서 식당 총지배인을 맡는 것은 옳지 않다고 생각했기 때문입니다.

또한 그는 세상에 천한 직업은 없다고 생각했기 때문에 뜻을 굽히지 않고 웨이터 일을 택했습니다. 실제로 그는 누군가 자신의 직업을 물으면 "롯데호텔에 근무한다"가 아니라 "롯데호텔 신관 35층에 있는 쉰부른이라는 프랑스 식당에서 웨이터로 일하고 있다"고 말했다고 합니다. 웨이터를 천한 직업이라고 생각했다면 결코 할 수 없는 행동이지요. 그는 스스로 자기가 하는 일을 창피하게 생각할 때 그 일이 천한 직업이 된다며, 어떤 일을 하든 자신이 하는 일에 자부심과 주인의식을 가지고 최선을 다해야 누구에게나 존경받을 수 있다고 강조했습니다.

박상희 씨는 우리네 사는 인생은 한 치 앞도 알 수 없으니 오늘 하루하루를 최선을 다해 사는 것이 가장 중요하다고 말했습니다. 그녀는 스스로 자신이 그 많은 기회를 놓치지 않고 잡을 수 있었던 것은 문제를 회피하지 않고 정면 돌파를 하며 하루하루를 충실하게 살았기 때문이라고 했습니다.

따라서 누구든지 자신처럼 나이가 많다고 포기하지 않고 끊임없이 도전하며 오늘을 열심히 살면 추운 겨울이 지나면 따스한 봄날이 오듯 두렵고 암울하게만 느껴지는 후반 인생이 활기차고 즐거워질 것이라고 말했습니다. 이것이 그녀가 지금 이 순간에도 일을 하며 과거도 미래도 아닌 '오늘'을 열심히 살아가는 이유입니다.

채
현
국

.

나이 들어도
꼰대는 되지 맙시다

.

1935년 서울대학교 철학과를 졸업하고 역사의 한가운데서 맨몸으로 비틀어진
세상에 저항하며 살아온 지식인입니다. 아버지 채기엽이 운영하던 '흥국탄광'을
이어받아 개인소득세 납부액이 전국 2위를 기록할 정도로 승승장구하던 그는
1973년, 홀연히 모든 재산을 회사 직원들에게 나눠주고 사업을 정리한 후,
지금까지 경남 양산에 위치한 개운중학교와 효암고등학교를 운영하는
효암학원 재단의 이사장으로 참인재를 양성하는 교육자의 삶을 살고 있습니다.
또한 80세의 노구에도 불구하고 시민단체들의 요청을 거절하지 못하고 여러 강연에
참석하여 정체되고 부패한 이 사회에 거침없이 쓴소리를 던지고 있습니다.

오척 단구 거한, 당대의 기인, 인사동 낭인들의 활빈당주,
가두의 철학자, 발은 시려도 가슴은 뜨거웠던 맨발의 철학도,
민주화 운동의 든든한 후원자, 해직 기자들에게 집을 한 채씩
사준 파격의 인간, 이 시대의 어른….

　　이 모든 것은 단 한 사람을 수식하는 말들입니다. 그 주인공은 바
로 경상남도 양산에 위치한 효암고등학교, 개운중학교를 운영하는
학교법인 효암학원의 채현국 이사장으로, 그는 이 수식어를 다 아우
를 정도로 거침없는 인생을 살아왔습니다. 그래서 그의 인생을 한
권의 책으로 기록한 김주완 경남도민일보 이사이자 출판미디어 국
장은 그를 가리켜 바람과 구름을 몰고 다니는 삶을 살았다 하여 '풍
운아(風雲兒)'라고 했습니다. 그러나 정작 채현국 이사장은 자신보다
는 아버지가 진정한 풍운아였다고 말했습니다. '파란만장'이라는 말
이 과언이 아닐 만큼 채현국 이사장의 아버지 채기엽은 그야말로 드
라마틱한 삶을 살았습니다.

　　1907년 경북 달성에서 태어나 1988년 채현국 이사장의 이복형제
들이 살고 있는 미국 로스앤젤레스에서 세상을 떠난 채기엽은 대구
한 부농의 외동아들로 태어나 '빼앗긴 들에도 봄은 오는가'로 널리 알
려진 시인 이상화 집안이 설립한 교남학원을 졸업했습니다. 그것이

배움의 전부였지요. 그러나 그는 불같이 사업을 일으키는 천부적인 사업가였습니다. 채현국 이사장은 그 이유를 이렇게 설명했습니다.

"우리 아버지는 모르는 것을 전혀
불안해하지 않는 사람이었습니다.
보고 해보면 안다, 하면 하는 것이라고
생각하는 사람이었지요. 그렇지만
경험이 얼마나 왜소한지도 아는 분이었어요.
또한 사물을 터득하는 능력이 뛰어났습니다.
그래서 망하기도 많이 했지만
불같이 사업을 일으키는 재능이 있으셨지요.
우리 아버지는 자기 돈이 있어야 사업하는
사람이 아니에요.
계기가 생기면 돈을 꿔서
사업을 하는 사람이었지요."

천부적인 사업가 아버지 채기엽,
그리고 그의 아들 채현국

이런 아버지가 처음 사업을 시작한 것은 17세 때였습니다. 할아버지가 사기를 당해 가세가 기울고 일본에서 불의의 사고로 돌아가

시자 아버지 채기엽은 신용으로 빌린 돈으로 정미소를 차려 가족의 생계를 책임졌습니다. 이때 채현국 이사장이 태어났습니다.

그가 네 살이 되던 1938년 돌연 아버지는 중국 상하이로 도망 아닌 도망을 갑니다. 당시 '대구경찰서 폭탄미수 사건'에 연루되어 일본군에 잡히면 죽는 목숨이었기 때문입니다. 아버지가 하필 상하이로 망명한 이유는 당시 그곳에서 독립운동을 하던 시인 이상화의 형 이상정 장군을 만나기 위해서였습니다. 아버지는 시인 이상화 집안이 운영하는 교남학원을 다니면서 이상정 장군과 인연이 있었던 것이지요. 그러나 결국 이상정 장군을 만나지 못하고 그곳에 남아 사업을 시작해 어마어마한 재산을 모으게 됩니다.

채현국 이사장의 말에 따르면 당시 중국에 있었던 소설가 고 이병주가 말하기를 '조선은행 발행고'만큼이나 많은 돈을 벌었다고 합니다. 상하이에서 견직공장, 비료공장 등 여러 개의 회사를 운영할 정도였으니, 그때 벌어들인 돈이 얼마나 많았는지 짐작할 수 있을 것입니다. 소설가 이병주가 그 많은 재산을 중국군에게 빼앗기는 날 그 모습을 우연히 목격하게 되었는데, 큰 창고 안에 또 큰 창고가 들어 있어 그것을 부수니 주변이 환해지면서 아버지가 사놓은 금괴가 쏟아져 나왔다고 합니다. 이병주는 그렇게 많은 금괴를 영화에서도 본 적이 없다고 말했다니, 아버지 채기엽이 천부적인 사업가임에는

틀림이 없었던 모양입니다.

그러나 아버지가 큰돈을 번 것은 어디까지나 상하이에서의 일이었습니다. 한국에 남겨진 가족들은 가장의 부재로 말도 못할 정도로 궁핍한 생활을 해야 했습니다. 아버지가 중국에서 무엇을 하는지 전혀 알지 못한 어머니는 삯바느질을 하여 번 돈으로 겨우 생계를 이어갔고, 이 돈으로는 가족들이 생활하기에는 턱없이 부족하여 굶는 날이 허다했습니다.

> "한번은 아홉 끼를 내리 굶었어요. 그러다가 학교 가는 길에
> 쓰러졌습니다. 그때는 굶어서 쓰러진 것이 매우 부끄러운
> 일이었습니다. 그래서 친구들한테 기생충 약을 먹어서 그렇다고
> 거짓말을 했지요. 자존심 때문에 굶어서 쓰러졌다고 말 못했죠.
> 친구들이 도시락을 싸오니까 말하면
> 얼마든지 얻어먹을 수 있는 일인데…."

이런 채현국에게 문학평론가이자 계간지 《창작과 비평》을 창간한 백낙청 편집인의 집은 유일하게 밥을 얻어먹을 수 있는 '꿈같은 집'이었습니다. 백낙청 집안은 훗날 흥국탄광이 부도 위기에 처했을 때에도 결정적인 도움을 주게 되는데, 채현국 이사장은 그 은혜를 갚기 위해 백낙청 편집인이 발행하던 《창작과 비평》이 경제적으로

어려움에 처할 때마다 지원을 마다하지 않았습니다.

홍국탄광은 아버지 채기엽이 강원도 삼척군 도계읍으로 내려가 설립한 탄광회사로, 이런저런 이유로 채현국 이사장이 아버지를 돕게 되면서 직원이 2,000명이 넘는 큰 규모로 성장했습니다. 개인소득세 납부액이 전국에서 열 손가락 안에 들었을 정도로 사업이 번창했습니다. 이에 워낙 사업을 벌이기 좋아하는 아버지는 그 돈을 밑천으로 삼아 다각도로 사업을 확장했습니다. 조선소, 해운회사, 화학공장, 30만 평의 목장, 대형 묘포장(묘목을 기르는 곳)을 운영했습니다. 그런데 그 모든 사업체의 이름 앞에 '홍국'이라는 단어를 붙였습니다. 왜일까요?

> "회사 이름이 홍국조선, 홍국해운, 홍국화학 뭐 그랬어요.
> 그 의미는 '현국이 홍하라'는 뜻이었지요. 그러니까 아들인
> 내가 잘되기를 바라는 아버지의 마음이 담긴 이름이었습니다.
> 그런데 나중에 알고 보니 장남이 그렇게 허망하게 세상을 떠나고
> 둘째인 저마저 어떻게 될까 봐
> 그렇게 이름을 붙인 것이었습니다."

아버지에게뿐 아니라 채현국 이사장에게도 자살을 한 큰형은 특별한 존재였습니다. 아버지가 자주 집에 없음에도 불구하고 크게 외

롭지 않았던 것은 여덟 살 차이가 나는 큰형이 있었기 때문입니다. 큰형이 곧 아버지와 같은 존재였던 것이지요. 그런 형이 1953년 휴전협정이 있던 당일 "이제 영구 분단이다"라는 말을 남기고 스스로 목숨을 끊었으니, 채현국 이사장의 충격은 이루 말할 수 없었습니다. 그 일로 온 가족은 절망에 빠졌고, 그 뒤로 아버지는 종적을 감춰 졸지에 채현국 이사장은 큰형 대신 가족의 생계를 책임져야 하는 가장이 되었습니다. 그때 빨리 어른이 되고 싶었다는 채현국 이사장은 17세라는 어린 나이에 당시 아버지가 운영하던 연탄공장을 맡게 되었습니다. 마침 연탄이 팔리지 않는 여름이었기 때문에 그곳 인부들과 함께 아이스크림 장사도 했다고 합니다.

모든 재산을 직원에 나눠주다

홍국탄광은 채현국 이사장과 그의 아버지 채기엽에게도 의미가 남다른 곳이었지만 당시 민주화 운동을 하던 인사들에게도 특별한 곳이었습니다. 당시 시국 사건에 연루되어 정부에 쫓기던 적잖은 인사들이 홍국탄광으로 숨어들었습니다. 일례로 한때 민주당 대표를 역임했던 손학규 전 의원은 친구들 여럿을 이곳에 피신시켰습니다. 당시 수배자를 도피시키거나 숨겨준 죄는 엄중한 처벌을 받았기 때문에 채현국 이사장은 시국사범 수배자들에게 그 이름을 묻지도 않았고, 자신에게 이름을 발설하지도 말라고 경고했습니다. 이름을 몰라야 수배자를 은닉한 죄로 끌려가더라도 이름을 말하지 않을 수 있었기 때문입니다. 즉, 수배자들의 이름을 발설하지 않도록 원천적으로 차단한 것이지요. 이런 일을 한 자신을 마지 내단한 일을 한 사람마냥 얘기하는 것이 무척 민망하다는 채현국 이사장은 자신이 한 일은 다른 사람들이 한 일에 비하면 훌륭한 축에도 끼이지 못한다며 손사래를 쳤습니다.

1973년 채현국 이사장은 이런 홍국탄광은 물론 아버지가 운영하던 모든 계열사를 돌연 매각합니다. 그리고 그 돈을 모두 홍국탄광에서 일하던 광부들에게 나눠주고, 매각한 모든 회사의 직원들 고용 승계 문제도 해결했습니다. 그가 잘나가던 모든 사업을 접은 이유는 1970년 12월 10일에 있었던 탄광사고가 결정적인 역할을 했습니다.

그날 새벽 5시경 홍국탄광에서 석회암으로 된 갱벽이 무너지면서 광부 26명이 매몰되는 사고가 발생했습니다. 이전까지 탄광사고가 없었던 것은 아니었으나 이날 일어났던 사고는 규모가 워낙 컸기 때문에 채현국 이사장은 큰 충격을 받았습니다. 불현듯 '이렇게 많은 사람들을 해하는 일로 돈을 벌어야 하나?' 하는 회의감이 들었다고 합니다. 그래서 과감히 사업을 접었고, 자신은 사람들을 다치고 죽게 하는 일로 돈을 번 사람이기에 결코 칭찬받아서는 안 된다고 생각했답니다. 그런데 사실 흥국탄광 사고와 관련해 다른 계열사들은 직접적인 관련이 없었던 상황이어서 매각을 하지 않아도 그 누구도 뭐라고 할 사람이 없었습니다. 그러나 채현국 이사장은 자신 몫의 재산을 따로 챙기려는 마음을 가지면 영영 다른 사람에게 못 줄 것 같아 주위의 우려에도 불구하고 그런 결정을 내렸다고 합니다.

"사업을 해보니까 돈 버는 일에 한번 빠지면
빠져나오기가 힘들다는 것을 알겠더라고요.
사람들이 잘 모르는데
'돈 쓰는 재미'보다 몇천 배 강한 것이 '돈 버는 재미'예요.
그 매력이 얼마나 강한지 한번 끌려가면
계속 끌려가거든요?
그러면 삶의 모든 것이 다 부수적이 됩니다.
'중독'이 아니라 '신앙'이 되어서 나쁜 것이라는
의식도 없이
맹목적으로 추구하게 되지요.
그래서 '더 휘말리기 전에 그만둬야겠다' 하는 생각으로
모든 사업을 접었습니다."

자기 스스로 삶을 경영하면 모두 훌륭한 노인이다

1973년 모든 사업을 정리한 채현국 이사장은 잠시 친구의 요청으로 서울 종로1가에서 흥국통상이라는 회사를 운영하다가 이마저도 건강이 나빠져 1979년 완전히 사업에서 손을 뗍니다. 그리고 근 10년 동안 특별히 하는 일 없이 책만 읽고 지내다가 1988년 아버지가 돌아가신 후 지금의 효암학원 이사장에 취임하게 되었습니다.

한때 역사의 한가운데서 파란만장한 삶을 살았지만 경남 양산에서 개운중학교와 효암고등학교 이사장을 지내며 거의 칩거생활을 하다시피 지내던 그가 다시 세상 속으로 나온 것은 2014년 새해 〈한겨레신문〉에 실린 인터뷰 기사 때문이었습니다. 다소 과격하게 느껴지기도 하는 "노인들이 저 모양이란 걸 잘 봐두어라"라는 제목의 이 기사는 7만여 명이 페이스북과 트위터로 공유하며 그의 어록을 인용할 정도로 우리 사회에 큰 울림을 주었습니다. 그런데 채현국 이사장은 젊은 세대가 노인 세대를 어떻게 봐주었으면 좋겠냐는 인터뷰어의 질문에 왜 이런 독설을 쏟아냈을까요? 자기 자신도 노인이면서 말이지요.

"봐주지 마라. 노인들이 저 모양이라는 걸 잘 봐두어라.

너희들이 저렇게 되지 않기 위해서.
까딱하면 모두 저 꼴 되니 봐주면 안 된다."

채현국 이사장은 이 말을 노인에 대한 독설로 해석하는 사람들이 많은데, 이 말은 결코 노인들에 대한 경고나 질책이 아니라고 했습니다. 그는 일제 강점기에는 식민지의 노예로 살고 해방 후에는 가난에서 벗어나기 위해 허리 한번 제대로 펴지 못하고 죽어라 일만 한 노인 세대에게 측은지심을 가지고 있었습니다. 그런데 왜 노인들에게 이런 날선 말을 했을까요?

"불쌍한 노인들을 나무라기만은 할 수 없지만 아닌 것은 아니라고 소리를 질러야 해요. 그래야 노인들도 아닌 걸 자각할 수 있는 기회가 생기지요. 무조건 잘한다 잘한다 하면 노인들이 뻔뻔해져서 조심을 하지 않아요. 젊은 사람들은 자기 체면이며 입장 때문에 조심을 하는데 노인들은 그렇지 않아요. 조심하지 않는 것은 밉상이죠. 더러운 상처를 자꾸 다른 사람의 얼굴에 들이대면 안 돼요. 누가 트림이나 방귀를 안 뀝니까? 그러나 다른 사람의 얼굴에 대고 하면 안 되지요. 감추고 피해를 주지 않아야 하는데 노인들이 이런 행동을 너무 쉽게 해요. 이들도 젊었을 때는 그러지 않았어요. 늙으면서 그런 꼴이 됐지."

젊은 세대들은 끊임없이 공부하고 성찰하여 지금의 노인들과 같은 삶을 살지 말라는 충고의 메시지였습니다. 또한 시대적 환경으로 인해 노예근성에 젖어 비판력을 상실한 일부 노인 세대들에게 다른 사람들을 모욕하고 자기 밥그릇만 챙기면 안 된다고 말합니다. 그는 늙음은 수치가 아니라 자연스러운 일이지만 수치스럽게 만드는 건 그들의 행동이라는 겁니다.

그는 진정한 어른이란 다른 사람에게 폐를 끼치지 않겠다는 마음을 가지고, 힘이 닿는 데까지 자기 스스로를 돌보는 사람이라고 했습니다. 그러면서 그는 노인문제도 이러한 관점에서 접근해야 한다고 했습니다.

"노인에게 무조건적으로 퍼주는 복지가 아니라
노인들이 할 일 쪽에 관심을 가져야 합니다.
노인들이 자기 스스로 자신의 삶을 경영할 수 있도록
그들이 일하게 해야 해요. 그렇다고 노인이라고
무조건 마음 쓰는 것도 안 되고요. 노인들, 조금만 가르치면
여러 가지 일을 할 수 있어요. 그들이 살아오면서 쌓아온 경험,
능력 등을 그들을 필요로 하는 곳에서 얼마든지
활용할 수 있습니다. 이것을 교육하는 데는 오래 걸리지도
않아요. 일주일, 사흘, 아니 몇 시간이면 돼요.

그런데 노인 스스로도 그렇고 노인문제 전문가들도
이런 생각을 못해요. 단 몇 시간만 교육해도 필요한 곳에
훌륭한 일꾼으로 만들 수 있는 존재가 노인인데,
사람들이 그 생각을 못해요. 이런 마인드를 가지면
노인문제를 아주 쉽게 해결할 수 있는데 말이지요."

특히 채현국 이사장은 노인이 가장 잘할 수 있는 일 중에 하나가
자기와 같은 노인을 돌보는 일이라고 강조했습니다.

"왜 우리가 선생님보다는 친구나 두세 살 많은 형에게 배울 때
잘 배우잖아요. 노인도 노인들이 가장 잘 돌볼 수 있어요.
세상에서 노인을 가장 잘 돌봐줄 수 있는 존재는 노인이에요.
그런데 노인 스스로도 제일 잘할 수 있다는 것을 모르고,
노인문제 전문가들도 그 생각을 못합니다.
조금만 발상을 바꾸면 되는데, 누구나 가지고 태어나는 독창성과
상상력을 특별한 사람에게만 있는 것처럼 학교가 그렇게
교육을 시키기 때문에 사람들의 상상력,
독창력이 다 죽어버렸어요."

또한 죽는 날까지 새날이 오므로 늘 새롭게 시작하고 새롭게 살아
야 한다고 했습니다. 나이가 들면 그 마음을 안 먹는 것이 안타깝다

고 하면서 말이지요. 즉, 나이가 들어서도 젊고 활기차게 살려면 늘 새로워지는 노력을 해야 한다고 말합니다. 나쁜 습관은 버리고 새로운 세상에 자신을 맞추려는 노력을 게을리 해서는 안 된다는 것이지요. 그는 자발적으로 일거리를 찾고 새로운 좋은 습관을 들이면 죽는 날까지 성공적인 삶을 살 수 있다고 강조했습니다.

"왜 노인들이 그림 그리기를 새로 시작하면 안 됩니까?
왜 아이들만 그림을 새로 시작해야 하나요?
노인들이 합창단에 가서 노래 못 부를 만큼 기운이 없습니까?
아니지요. 얼마든지 새로 배울 수 있습니다.
자기 스스로 삶을 경영하면 모두 훌륭한 노인입니다."

사회 일선에서 물러나 좌절감과 상실감에 빠져 있는 사람들에게 행복한 후반 인생을 보내려면 자기 분발이 되어야 한다고 말하는 채현국 이사장. 그는 그냥 열심히 하는 것이 아니라 신이 나서 열심히 하는 자기 분발이 되면 성공적인 인생을 살 수 있다고 말하면서 자기 분발도 노력하면 얼마든지 가능하다고 말했습니다.

아울러 그는 100세 장수시대를 행복하게 살기 위해서는 자기 존중을 이기(利己), 즉 자기 자신의 이익만을 꾀하는 것과 헷갈리지 말아야 한다고 말했습니다. 진정으로 자기를 존중하는 것이 무엇인지 고민하고 노력하면서 살아 있음에 감사하며 살면 오래 사는 삶이 의미와 가치가 있다고 말했습니다. 작은 체구이지만 그가 전하는 강한 울림은 왜 그를 오척 단구 거한, 이 시대의 어른이라고 말하는지 절감하게 했습니다.

노해석
손영이
부부

·

함께여서
두 배 행복한 귀촌

·

노해석(64세) 씨는 인천에서 30여 년간 교직생활을 하다가

2010년 아내 손영이(60세) 씨와 함께 경상북도 영천으로 귀촌을 했습니다.

10년간 철저한 준비 끝에 영천에서 제2의 인생을 시작한 부부는

이곳에서 자급자족을 위한 먹거리 농사를 짓는 것은 물론 천연염색 공방

'둥지'를 열어 여유로운 후반 인생을 보내고 있습니다.

"으디 가노?"

길 양옆으로 논밭이 펼쳐져 있는 좁디좁은 시골 길을 따라 차를 타고 느릿느릿 올라가는데 웬 어르신이 차를 세우고 호기심 어린 눈으로 물었습니다. 낯선 외지인들의 등장에 궁금증이 일었던 것이지요. 초행길이라 이 길이 맞는지 틀린지 긴가민가하고 있던 터라 어르신의 호기심은 훌륭한 이정표 노릇을 해주었습니다.

"어르신! 말씀 좀 물을게요. 여기 노해석 씨 댁이 어디인가요?"

"아~ 그 집! 절~로 가라."

어르신은 등을 돌려 손가락으로 지척에 있는 집을 가리켰습니다. 그러고는 호기심이 채 가시지 않는 듯 멀어져가는 차 뒤꽁무니를 물

끄러미 바라보았습니다.

집 앞에 도착하니 언제부터 기다렸는지 노해석, 손영이 씨 부부가 환한 얼굴로 웃고 서 있었습니다. 그 웃는 모습이 얼마나 밝은지 지금 이들 부부가 자신들의 삶에 그 누구보다 만족하고 있음을 짐작할 수 있었습니다.

노해석, 손영이 씨 부부가 신라시대에 창건된 천년고찰 영지사와 해발 657미터의 구룡산이 병풍처럼 둘러싸고 있는 지금의 보금자리, 경북 영천시 대창면 용호리로 귀촌을 한 것은 2010년이었습니다. 새해에는 새로운 곳에서 새로운 인생을 시작하자는 마음으로 2009년 12월 28일 하얀 눈이 펑펑 내리는 날 오랜 세월 터를 잡고 살았던 인천을 떠나 경북으로 내려온 것이지요.

그러나 곧바로 지금의 보금자리로 이사를 온 것은 아니었습니다. 처음에는 여러 가지 사정으로 영천시와 인접해 있는 경산시에 터를 잡았습니다. 귀촌을 위해 경산시에 미리 아파트를 사놓았던 부부는 2010년 1월 1일부터 호기롭게 경산에서 귀촌생활을 시작했던 것입니다. 그러나 3개월도 지나지 않아 아파트 생활은 이들 부부가 바라던 귀촌생활과 거리가 멀다는 것을 깨닫게 되었습니다. 사는 곳만 달라졌을 뿐 대도시에서의 일상과 달라진 것이 없었으니까요. 무엇보다도 아파트에서는 아내의 취미인 천연염색을 마음껏 하기가 어려웠기 때문에 이들 부부는 다시 귀촌생활을 할 곳을 찾기 시작했고, 그렇게 3개월간의 물색 끝에 찾은 곳이 지금의 보금자리입니다.

성공적인 귀촌의 조건, 10년간의 철저한 준비

이들 부부가 영천시에서 제2의 인생을 시작하기까지는 무려 10년이라는 시간이 걸렸습니다. 인천에서 30여 년간 교편을 잡았던 노해석 씨는 오래전부터 아내 손영이 씨와 퇴직 후에 전원에서 봉사하는 삶을 살기로 마음을 먹었습니다. 그런데 퇴직 후 귀촌을 먼저 제안한 것은 아내 손영이 씨였다고 합니다.

> "저는 인천에서 태어나고 자랐어요. 그래서 그런지 명절이나
> 무슨 일이 있을 때마다 시댁이 있는 영천으로 가는 길이 하나도
> 힘들지 않더라고요. 마치 소풍을 가는 느낌이었어요.
> 물론 시골이 불편하기는 하지만 그보다는 시골에 내려와
> 보내는 시간이 그렇게 좋더라고요."

마음 한편에 늘 이런 마음을 가지고 있었던 손영이 씨는 다행스럽게도 같은 마음이었던 남편과 아무런 문제없이 뜻을 모았고, 귀촌은 '당연히' 해야 하는 것이라고 생각하며 그 준비를 시작했습니다.

이들 부부는 당장 시골로 내려가고 싶은 마음이 간절했지만 귀촌 준비를 결코 서두르지 않았습니다. 이들에게 귀촌은 곧 제2의 인생이었기 때문에 주먹구구식으로 무턱대고 실행에 옮길 수는 없었지요. 60세에 퇴직해서 귀촌을 한다고 해도 그곳에서 20~30년 이상 살아야 하는데 쉽게 결정을 내릴 수 있었겠습니까? 이들 부부는 귀촌이든 귀농이든 성공하려면 철저한 사전 준비가 무엇보다 중요하다고 생각했습니다. 실제로 귀촌과 귀농 실패에 관한 공식적인 통계자료는 없지만 아무런 준비 없이 무작정 시골로 내려가는 사람들은 거의 정착에 실패한다고 합니다.

특히 각종 귀촌, 귀농 지원금만 보고 시골로 내려가는 사람들은 열의 여덟, 아홉은 실패한다고 합니다. '도시에서 살다가 정 안 되면 시골에 가서 농사나 짓지 뭐'라는 안일한 생각으로 귀촌, 귀농을 했다가는 큰 낭패를 볼 수 있고, 실제로 노해석, 손영이 씨 부부는 이런 경우를 여러 차례 목격했다고 합니다. 참고로 많은 사람들이 귀촌과 귀농을 같은 의미로 받아들이는데, 엄연한 차이가 있습니다. 귀촌은 시골에 살면서 무료함을 달래거나 '내가 먹을 것은 내가 키운다'는 자급자족의 개념으로 소규모로 농사를 짓는 것이고, 귀농은 생계 유지의 수단으로 농사를 짓는 것을 말합니다. 그러나 개념은 다르지만 모두 사는 환경이 달라진다는 점에서 귀촌이든 귀농이든 성공하기

위해서는 철저한 사전 준비가 필요합니다.

　그렇다면 노해석, 손영이 씨 부부는 귀촌에 성공하기 위해 어떤 준비를 했을까요? 이들 부부는 퇴직 후 살 곳을 찾기 위해 전국을 한 바퀴 돌았습니다. 또한 시골생활에 잘 적응하고 즐거움을 느낄 수 있도록 노해석 씨는 사물놀이와 도배를, 손영이 씨는 천연염색을 배웠다고 합니다. 뿐만 아니라 손영이 씨는 다문화 상담사 양성교육도 받았는데, 그 이유는 시골엔 외국에서 시집온 여성들이 많은 만큼 귀촌을 하면 그들에게 조금이라도 도움을 주고 싶었기 때문입니다. 그야말로 철저하게 계획하고 조급함 없이 차근차근 준비를 하였던 것이지요. 때문에 다른 사람들처럼 귀촌 준비가 막막하지 않고 즐거웠다고 합니다.

특히 다른 사람들보다 경제적으로 부담이 되지 않았다고 합니다. 왜냐하면 단기간에 준비를 하려면 한꺼번에 많은 목돈이 들어가서 경제적으로 어려움이 따르지만 이들 부부는 오랜 시간에 걸쳐 자신들이 감당할 수 있는 범위 내에서 무리하지 않고 하나씩 준비를 했기 때문에 경제적으로 힘들지 않았던 것이지요. 이런 이유로 이들 부부는 더더욱 귀촌, 귀농을 하려면 장기적으로 계획을 세우고 준비해야 한다고 강조했습니다.

실제로 수많은 귀촌, 귀농 관계자들도 적어도 4~5년 정도는 기간을 두고 차근차근 준비해야 귀촌, 귀농에 성공할 확률이 높다고 얘기합니다. 더불어 귀촌, 귀농에 성공하려면 가족과 충분히 대화를 나누고 상의하는 것이 매우 중요하다고 지적합니다. 한 통계자료에 따르면 귀촌, 귀농한 가구당 인구는 평균 1.75명으로, 나 홀로 이주한 경우가 적지 않았습니다. 남자와 여자의 비율을 봤을 때 7:3으로 남자의 수가 압도적으로 많다고 합니다. 왜냐하면 일반적으로 아내들은 귀촌, 귀농을 반기지 않기 때문입니다. 자식들의 교육문제도 있고 주거환경이며 여러모로 열악한 환경인 시골에서 살 엄두가 나지 않는 것이지요.

더구나 노해석, 손영이 씨 부부처럼 귀향할 지역이 남편의 고향일 경우 더더욱 아내들은 귀촌, 귀농을 바라지 않습니다. 다 늙어서 시집살이를 할 수도 있는데 반가울 리가 있겠습니까? 이러한 이유로 요즘 농촌에는 남자 혼자 내려와 사는 '나 홀로 귀촌, 귀농족'을 어렵지 않게 볼 수 있습니다. 그러나 뜻하는 바가 있어 귀촌, 귀농을 결행했다고 하더라도 한 가정의 가장으로서 가족들과 떨어져 사는 것이 마음이 편하겠습니까? 그리고 얼마나 외롭겠습니까?

그러다 보니 도시에 사는 가족들을 만나러 가느라 농사에 소홀하기도 하고, 결국 이런저런 이유로 얼마 살지 못하고 다시 도시로 떠나는 사람들이 적지 않다고 합니다. 이런 면에서 노해석 씨는 축복받은 사람이라고 할 수 있습니다. 귀촌을 먼저 제안한 것도 아내이고, 최종적으로 자신의 고향인 영천으로 가자고 했을 때도 물론 반대가 없었던 것은 아니었지만 결국 아내가 그의 뜻을 따라주었으니까요.

아내 손영이 씨가 남편이 고향으로 가자고 했을 때 크게 반대하지 않았던 이유가 있었습니다. 다른 곳은 땅값이 만만치 않을뿐더러 낯선 곳은 마음에 내키지 않았기 때문입니다. 무엇보다도 자신의 취미인 천연염색을 하기에 영천만큼 좋은 곳이 없었기에 남편이 영천을 제안했을 때 큰 반대 없이 따라나섰습니다. 실제로 영천시는 한약재 유통지역이면서 천연염색이 활성화되어 있는 곳이었습니다. 또한 천연염색을 하는 데 가장 중요한 조건인 일조량이 풍부해 천연염색을 하기에 좋은 곳으로 알려져 있습니다. 영천시에는 1967년 창설된 우리나라 최초의 탄약고가 있는데, 이곳에 처음으로 탄약고가 생긴 이유는 일조량이 높고 습도가 낮아 탄약이 잘 녹슬지 않기 때문이었습니다.

도시든 시골이든 거저 얻는 것은 없어요

오랫동안 계획하고 차근차근 준비했지만 이들 부부에게도 귀촌 생활은 결코 만만치 않았습니다. 그래서 부부는 농촌생활에 좀 더 잘 적응하기 위해 영천시에서 시행하는 교육 프로그램에 적극 참여했습니다. 귀농 정착 교육, 기계화 영농과정, 유기농 농법, 천연염색 심화교육, 포도 현장 체험교육 등 귀촌 후 부부는 매년 10회 이상 각종 교육 프로그램에 참여해 새로운 기술을 습득했고, 지금도 그 노력은 계속 이어지고 있습니다.

영천시에서 시행하는 교육 프로그램은 이들 부부에게 큰 도움이 되었습니다. 특히 천연염색 심화교육은 이들 부부가 농촌에 성공적으로 정착하는 데 결정적인 역할을 했습니다. 부부는 어떤 교육 프로그램보다 천연염색 심화교육에 적극 참여했고, 여기서 배운 이론을 바탕으로 집에서 열심히 실습도 하였습니다. 덕분에 부부는 2010년 10월 '청도 감물염색 패션 콘테스트'에 작품을 출품해 나란히 금상과 동상을 수상하였습니다.

그 성과를 인정받아 영천시로부터 향토산업 육성사업인 천연염색 공방 대상자로 선정되어 4,000만 원을 지원받아 2011년 가을 천연염색 공방 '둥지'를 열었습니다. 이곳에서 부부는 본격적으로 전통 방식의 천연염색을 시작했고, 알음알음 입소문을 타고 손님들이 몰려들어 2013년에는 연매출이 5,000만 원에 이르게 되었습니다. 취미 생활이 제2의 인생을 지탱하는 새로운 사업이 된 것이지요. 게다가 쌀이나 생선, 햄 등 몇 가지를 제외하고는 기본 먹을거리를 농사를 지어 자급자족하기 때문에 도시보다 경제적으로 훨씬 여유롭다고 합니다.

영천시에서 시행하는 교육 프로그램 덕분에 의도치 않게 천연염색으로 또 다른 행복을 느끼고 있는 노해석, 손영이 씨. 이들 부부는 자신들의 경험처럼 귀촌, 귀농을 희망하는 사람이라면 사전에 이를 지원하는 교육 프로그램에 참여하여 교육을 받는 것이 효과적이라고 조언했습니다. 다만 그 교육이 실질적으로 도움이 되려면 마음을 열고 그 교육 내용을 신뢰하는 자세가 필요하다고 합니다.

"농사는 1년의 세월이 지나야 결과를 알 수 있습니다. 그래서 많은 사람들이 교육을 받으면서도 자기가 직접 체험하지 않았기 때문에 긴가민가해요. 쉽게 믿지 않아요. 그러나 열린 마음으로 듣고 믿어야 그 교육이 도움이 되지, 그렇지 않으면 아무 소용이 없어요."

또한 이들 부부는 시골에 잘 정착하려면 이웃과 좋은 관계를 유지해야 한다고 했습니다. 문을 닫으면 그 집 사정을 알 수 없는 도시와 달리 시골은 마치 투명한 유리로 만든 집 같다고 합니다. 조금만 시간이 지나면 마을 사람들이 그 집 사정을 모두 알게 될 뿐만 아니라 동네가 워낙 좁다 보니 단 한 사람과의 관계만 틀어져도 순식간에 평판이 나빠진다고 합니다. 따라서 한 사람 한 사람을 소중히 대해야 하며, 욕심 없이 순수한 마음으로 열심히 사는 모습을 보여야 한다고 합니다.

사람 사는 곳이면 어디든 그렇듯 자기를 과시하려 들거나 거만하게 행동하면 마을 사람들뿐 아니라 같은 귀촌, 귀농인들에게조차도 인심을 얻을 수 없다고 합니다. 노해석, 손영이 씨 부부 역시 늘 겸손한 자세로 이웃들과 우호적인 관계를 유지하려고 노력했기 때문에 지금처럼 좋은 평판을 얻을 수 있었다고 합니다. 아울러 부부는 도시처럼 시골에서도 치열하게 살아야 성공할 수 있다고 강조했습니다.

"세상 사는 이치는 다 똑같아요. 도시든 시골이든 거저 얻는 것은 없어요. 시골에서도 아주 열심히 해야 얻는 결실이 있고, 그렇게 열심히 하는 모습을 보여야 마을 사람들도 하나라도 더 가르쳐주려고 해요."

귀촌을 하고 나서 스스로의 삶을 다시 되돌아보고 반성하며 서로에 대한 감사함과 애틋함을 더욱더 느끼게 되었다는 노해석, 손영이 씨 부부. 그래서 현재 자식들과 떨어져 살고 있지만 전혀 불편하거나 힘들지 않다고 말했습니다. 오히려 가끔씩 자식들이 영천에 내려오면 귀찮고 불편하다며 너스레를 떨었습니다.

"애들은 애들이고 우리는 우리예요. 우리 부부는 세 아이에게
초등학교 때부터 수시로 '부모로서 뒷바라지는 너희가 공부를
마치는 순간까지만 하고, 그 이후에는 엄마, 아빠를 위한
인생을 살 거다'라고 말했어요. 그래서 그런지 독립심이
강하고 귀촌을 할 때도 크게 반대하지 않았어요.
요즘은 아이들이 오면 좋기는 한데 좀 귀찮아요.
둘이 있으면 천국인데 아이들이 오면
이것저것 신경을 써야 하니까요. 하하하."

자식들이 귀찮다고 하면서도 자식 얘기를 하며 서로를 애틋한 눈빛으로 바라보는 이들 부부의 모습은 영락없는 부모이자 부부였습니다.

정
윤
민

•

30년 재무통의
행복한 후반 인생을 위한 재무 준비

•

1954년 경남 남해에서 태어난 정윤민 씨는 대학 졸업 후
건설회사의 중동 건설 현장에서 근무했으며
세계 최대의 스포츠 브랜드 나이키에서 20년 동안 재직하며
재무 부문에서 나이키가 지금과 같은 거대 기업으로
성장하는 데 일조를 했습니다.
퇴직 후 잠시 방황하기도 했지만 재취업에 도전해
현재 한국노인인력개발원에서 노인 인턴사원으로 3년째 근무하며
행복하고 의미 있는 후반 인생을 보내고 있습니다.

"저스트 두 잇(Just do it)."

이 광고 카피를 기억하십니까? 1980년대 후반 세상의 주목을 받았던 세계 최대의 스포츠 브랜드, 나이키의 광고 카피입니다. 현재 나이키는 우리나라 돈으로 1년에 무려 약 30조 원의 매출을 올리는 거대 기업입니다. 그러나 어느 기업이나 그렇듯 나이키의 시작은 초라했습니다. 1957년 미국 오리건 대학교 육상팀에서 코치와 선수로 처음 인연을 맺은 나이키의 창업주 빌 바워만과 필립 나이트는 선수들의 기록 단축을 위해 좋은 신발이 필요하다는 데 뜻을 모으고 각각 500달러를 투자해 1964년 '블루리본 스포츠'라는 이름의 회사를 세웠습니다. 이것이 나이키 역사의 시작입니다.

처음에는 볼품없는 규모로 시작한 나이키는 끊임없는 노력으로 세계에서 가장 크고 성공적인 스포츠용품 회사로 성장했습니다. 현재 한국노인인력개발원에서 유연근무 조건으로 3년째 근무하고 있는 정윤민 씨는 나이키와 함께 성장했다고 해도 과언이 아닐 정도로 지금의 나이키가 있기까지 적지 않은 기여를 한 분입니다. 그는 1987년부터 2007년까지 무려 20년을 나이키에서 재무 분야 일을 하며 나이키가 세계 최대의 스포츠용품 브랜드로 성장하는 데 지대한 역할을 했습니다. 그러니 나이키에 대한 그의 마음이 얼마나 각별했겠습니까?

이곳에 입사하기 전 다른 회사들을 다니긴 했지만 나이키는 그의 모든 열정과 에너지를 쏟아부으며 다닌 회사였기에 단순한 직장 이상의 의미가 있었습니다. 그런데 정년이 다가오면서 그는 자신의 의지와는 상관없이 명예퇴직으로 회사를 떠나야 하는 상황에 처하게 되었습니다. 그는 스스로 아직 젊고 일할 능력이 충분하다고 생각하는데도 나이라는 장벽 때문에 회사에서 밀려나는 현실에 절망했고, 시간이 지날수록 자신이 인생의 실패자처럼 느껴졌습니다.

물론 잠깐이기는 하지만 처음에는 그도 남들처럼 퇴직 후 자유를 만끽했습니다. 그러나 이내 사회에서 버려졌다는 박탈감에 한동안 우울했고, 하루 종일 무엇을 해야 할지 몰라 고통스러웠습니다. 게다가 마음도 편치 않고 생활이 불규칙해져서인지 몸도 나빠지는 것 같았습니다.

"처음에는 회사 다니느라 바빠서 못했던 여행도 다니고,
운동도 하고, 친구들도 만나고 참 좋았습니다. 그런데
3개월 정도 지나니까 하루가 너무도 길게 느껴지고 뭘 해야 할지
모르겠더라고요. 오랜 세월 규칙적인 직장생활을 해서 그런지
갑자기 하루의 맵이 사라지니까 정말 고통스럽더라고요."

그나마 다행인 것은 아내가 직장을 다녔기 때문에 아내의 눈치를 보며 갈등할 일이 없었다는 것입니다. 실제로 퇴직 후 남편들이 온종일 집에 있게 되면 아내와 충돌하는 일이 많다고 합니다. 하루 종일 얼굴을 맞대고 있다 보니 아내는 아내대로, 남편은 남편대로 불만이 쌓여 사사건건 부딪치고 싸우게 되는 것이지요. 그래서 정윤민 씨는 자신을 행운아라고 말했습니다. 아내가 일을 나가니 하루 종일 부딪칠 일도 없고 나가서 돈을 벌어야 한다는 심리적인 압박감도 덜했기 때문입니다.

그러나 당장 생계수단을 찾지 않아도 될 만큼 경제적으로 어려운 편은 아니었지만 아무 일도 하지 않고 허송세월을 하는 무료한 생활을 견디기도 어려웠습니다. 무엇보다 자신이 한없이 무력하고 쓸모없는 존재처럼 느껴졌습니다. 이런 이유로 정윤민 씨는 돈이 행복한 노후를 보장하는 절대적인 조건이라고 생각하는 것은 금물이라고 했습니다. 만약 그렇다면 부유한 노인들이 빈곤한 노인들보다 그만큼 행복해야 하는데, 현실은 그렇지 않기 때문입니다.

"얼마 전 인터넷 기사를 하나 봤는데, 2014년 기준 우리나라 노년층에서 부유층과 빈곤층의 소득 격차가 무려 9배 정도가 난다고 합니다. 만약 돈이 행복을 충족시키는 절대적인

조건이라면 행복감도 9배 정도가 나야 하는데, 실제는
그렇지가 않아요. 행복지수가 높은 나라들을 봐도 그렇습니다.
상위권을 차지하는 대부분의 나라들이 잘사는 선진국이 아니라
경제적으로 풍족하지 않은 남미 국가들이에요.
우리나라의 경우는 2015년 갤럽 조사 결과에 따르면
행복지수 등수가 143개국 중 118번째입니다.
자살률도 OECD 국가 중 1위고요. 돈이 행복의
절대적인 조건이라면 이러한 결과가 나올 수 있을까요?"

그러나 정윤민 씨는 돈이 행복한 노후를 보장하는 절대적인 조건
은 아니지만 비참한 노후를 보내지 않기 위해서는 반드시 준비해야
하는 요소라고 강조했습니다. 그렇다면 30여 년간 나이키를 비롯해
여러 회사에서 회계, 기획, 법무, 감사, 세무, 예산, 지적재산 등 재무
분야에서 근무한 이른바 '재무통'인 그는 행복한 노후를 위해 재무적
으로 어떤 준비를, 어떻게 했을까요?

행복한 노후를 위한 재무 관리법

1980년대 초 당시 국내 한 건설사에서 근무했던 그는 사우디아라
비아의 수도인 리야드 지사에 3년 동안 파견근무를 나가 번 돈과 당

시에도 맞벌이를 하던 아내가 번 돈을 거의 모두 재형저축(재산형성저축)에 불입했습니다. 재형저축이 워낙 목돈 마련에 유리한 상품인 데다 당시에는 금리가 높아 안정적으로 종잣돈을 만드는 데 이보다 좋은 방법은 없다고 판단했기 때문입니다. 덕분에 그는 30대라는 이른 나이에 그 어떤 친구보다 일찍 집을 마련할 수 있었습니다.

정윤민 씨는 만약 맞벌이를 하지 않았다면 다른 친구들처럼 30대에 집 마련은 요원한 일이었을 것이라고 말했습니다. 40대에는 부동산과 주식, 펀드 투자로 두 아들에 들어가는 교육비와 유학자금을 마련했고, 50대에는 부동산, 주식, 펀드, 파생상품 등에 투자하여 두 아들을 위한 결혼자금과 부부를 위한 노후자금을 어느 정도 마련했습니다. 이 모든 것이 가능했던 이유는 자신이 하는 일이 재무였던 만큼 이 분야에 대해 잘 알았기 때문입니다.

때문에 정윤민 씨는 나이가 많든 적든 경제적으로 안정된 삶을 누리려면 평소 신문, 인터넷 등 각종 매체를 통해 틈틈이 금융지식, 세무지식 등 재무에 관한 지식을 쌓는 자세가 필요하다고 말했습니다.

"돈을 버는 것도 중요하지만 그 돈을 어떻게 소비하고 투자를 하느냐도 매우 중요합니다. 그래서 금융지식 등을 쌓아서 투자 요령을 터득할 필요가 있습니다.

그래야 힘들지 않게 결혼자금, 내 집 마련 자금, 교육자금,
노후자금 등을 마련할 수가 있습니다."

그러나 그가 항상 재무관리에 승승장구를 했던 것은 아닙니다. 스스로 금융지식에 강하다는 자만에 빠져 아들 유학자금 마련을 위해 파생상품에 투자했다가 실패한 적도 있고, 2008년 금융위기 때 주가 폭락으로 '뼈아픈 경험'이라고 자평할 만큼 적지 않은 돈을 날린 적도 있습니다. 나이키를 그만둔 후 적지 않은 나이에 입은 금전적 손실이었기에 그가 받은 상실감은 컸습니다. 당장 그 돈이 없다고 어떻게 되는 것은 아니었지만 이 일을 계기로 퇴직 후에는 공격적으로

돈을 굴리기보다는 안정적으로 투자를 하는 것이 바람직하다는 것을 몸소 체득했다고 합니다.

그는 안정형 투자는 높은 수익을 기대할 수는 없지만 투자 원금을 날릴 우려가 적기 때문에 퇴직자들에게 적합하다고 말합니다. 반대로 공격형 투자는 높은 수익을 기대할 수 있지만 원금 손실의 위험이 있기 때문에 부적합하다고 말했습니다. 따라서 퇴직 후 조급하고 불안한 마음이 들더라도 절대 무리하게 재테크를 해서는 안 된다고 조언했습니다.

"보증 서지 마세요"

창업도 마찬가지입니다. 퇴직자들이 조급한 마음에 철저한 준비 없이 창업을 하는데, 준비되지 않은 창업은 후반 인생을 더욱 힘들게 할 뿐이라고 말했습니다. 이는 그의 경험에서 우러나온 진심 어린 조언이었습니다. 퇴직 후 그냥 무의미하게 시간을 흘려보낼 수 없다고 생각한 정윤민 씨는 어렵게 부동산 중개사 자격증을 취득하여 부동산 중개업소를 개업하였습니다. 처음에는 남의 눈이 신경 쓰여 망설였지만 그냥 집 안에 틀어박혀 허송세월을 하는 것보다 무언가 하는 것이 의미 있다고 생각하고 과감하게 도전했던 것이지요.

다행스럽게도 자격증을 취득하는 데 성공한 정윤민 씨. 그러나 자격증만 있을 뿐 부동산 중개업을 해본 경험이 없었기에 이 분야에 베테랑인 3명의 직원을 두었습니다.

그런데 막상 일을 시작하니 오랜 세월 재무를 보며 원리원칙을 중시했던 그에게 부동산 중개업은 적성에 맞지 않는다는 것을 깨달았습니다. 게다가 하루 종일 서류 작성과 같은 간단한 일만 했기 때문에 큰 의미와 보람도 느끼지 못했습니다. 그런데 다달이 사무실 임대료, 인건비와 운영비 등 만만치 않은 비용이 나가니 날이 갈수록 이 일을 시작한 것에 대해 회의감이 들었습니다.

결국 창업 1년 6개월 만에 적지 않은 금적전 손실을 남기고 부동산 중개업소 문을 닫았습니다. 돈도 돈이지만 실패를 하면서 느낀 상실감과 좌절감이 컸다는 정윤민 씨. 따라서 퇴직 후 창업을 꿈꾸는 사람들은 무작정 시작하지 말고 각종 창업스쿨 등을 통하여 사전 준비를 철저히 하고, 되도록 본인이 잘 알고 있는 업종을 선택하는 것이 유리하다고 말했습니다.

더불어 행복한 노후를 위해서는 아무리 가까운 사람이라도 보증을 서는 일은 절대 없어야 한다고 경고했습니다. 은행지점장으로 퇴직한 고등학교 친구가 친한 동창이 운영하는 건설회사에 부사장으로 들어가면서 집을 담보로 보증을 서줬는데, 그만 회사가 부도가 나면서 집이 경매에 넘어갔다고 합니다. 평소 보증은 가족끼리도 서 주는 것이 아니라는 말을 귀에 못이 박이도록 들었지만 실제로 고등학교 친구가 보증을 섰다가 힘든 삶을 사는 것을 보면서 보증은 행복한 노후를 위협하는 강력한 장애물이라는 사실을 깨닫게 되었습니다.

"퇴직 후 한번 넘어지면 일어나기 힘들어요.
그래서 취업을 조건으로 보증을 요구하거나
취업과 상관없이 가까운 친척이나 지인이 보증을
서달라고 해도 섣불리 그 요구를 들어줘서는 안 됩니다."

자녀에게 맹목적인 지원은 삼가야 한다

그는 무리한 투자나 창업, 보증 외에도 경제적으로 행복한 노후를 위협하는 존재가 자녀 교육비와 결혼 준비 자금이라고 했습니다. 그는 이에 대한 대비를 해야 한다고 강조했습니다. 일단 퇴직 전부터 부동산이나 다양한 금융상품을 이용하여 자녀 교육비, 결혼 준비 자금을 위한 목돈을 미리 마련해두는 노력을 하는 한편 자신들의 세대와 달리 실업, 고용불안, 낮은 소득 등으로 인해 자녀 세대들은 홀로 독립하기 만만치 않은 세상을 사는 만큼 어느 정도 도움을 줄 생각도 있다고 합니다.

다만 자식이라고 무턱대고 퍼주는 경제적 도움은 바람직하지 않다고 말했습니다. 부모의 무조건적인 지원은 자식이 홀로 설 수 있는 힘을 앗아갑니다. 뿐만 아니라 부모 자신의 노후를 위협하게 되고, 결국 그 부담은 고스란히 자식에게로 돌아가 가족 모두를 불행하게 만드는 결과를 초래하게 된다고 했습니다. 그러므로 자기 자신과 자식들의 행복을 위해 어느 시기가 되면 자식을 위한 호주머니를 닫는 것이 현명하다고 합니다.

같은 맥락에서 경제적으로 안정적인 노후를 위해 주택연금(역 모기지론)을 적극 활용할 것을 권했습니다. 주택연금은 말 그대로 살고 있는 집을 금융기관에 담보로 맡기고 평생 연금 형식으로 대출금을 받는 제도입니다. 현재 살고 있는 집에서 그대로 살면서 부족한 생활비 해결이 가능해서 집 한 채가 재산의 전부인 퇴직자들에게 이만한 재무적인 노후 준비는 없다고 말합니다. 뿐만 아니라 일반 담보대출에 비해 이자도 저렴한 데나 국가가 지급을 보증하기 때문에 중도에 연금이 나오지 않는 경우도 없습니다. 또한 부모가 세상을 떠났을 때 담보 부동산을 평가해 그동안 받은 연금 금액이 부동산 가격보다 적을 때는 나머지 금액을 가족들에게 돌려주고, 반대로 부동산 가격보다 연금 금액이 많아도 가족들에게 추가 부담금을 요구하지 않습

니다. 그는 주택연금을 잘만 활용하면 경제적으로 안정된 노후를 보낼 수 있다고 합니다.

무엇보다도 정윤민 씨는 경제적으로 행복한 후반 인생을 보내려면 힘이 닿는 데까지 일을 해야 한다고 했습니다. 그는 과거와 달리 이자와 연금만으로 생활하는 시대는 지난 데다 평균 수명이 길어져서 재취업은 이제 선택이 아니라 필수라는 것입니다. 뿐만 아니라 퇴직 후 일은 단순히 소득을 얻는 수단이 아니라 자기 존재의 가치와 삶의 의미, 보람을 부여하고 지금까지 쌓아온 지식과 경험, 능력 등을 사회에 환원하는 일이기 때문에 퇴직 후에 더더욱 일을 찾는 노력을 게을리 해서는 안 된다고 했습니다.

사실 그는 부동산 중개업소를 폐업한 후 그 상실감에 다시는 일을 하지 않겠다고 다짐했었습니다. 그런데 그 마음을 바꿔 한국노인인력개발원에 재취업한 이유는 자신이 가지고 있는 지식과 경험, 능력 등을 사장시키기보다 사회에 환원하는 것이 의미가 있다고 판단했기 때문입니다. 또한 초고령 사회가 되는 만큼 노인문제와 관련된 일을 하면 보람과 가치가 있겠다고 생각하여 그는 다시 용기를 내어 한국노인인력개발원에 도전한 것입니다.

그렇다면 그처럼 재취업에 성공하려면 어떻게 해야 할까요? 정윤민 씨는 반드시 눈높이를 낮추고, 가급적 자신이 잘 알고 잘할 수 있는 업종을 선택하는 것이 중요하다고 강조합니다. 경제적으로 크게 궁핍하지 않다면 욕심을 내지 말고 자신의 지식과 노동력을 사회에 환원한다는 마음을 갖는 것도 중요합니다. 당장의 수익보다는 스스로가 행복과 기쁨을 느낄 수 있는 일을 찾는 것이 재취업에 성공하고, 그 일을 오래 할 수 있는 비결이라고 말했습니다.

행복은 노력하는 자에게만 찾아온다

부동산 중개업을 접은 뒤 친구의 권유로 색소폰을 배우기 시작했다는 정윤민 씨. 그는 스스로 지금까지 살면서 인생에서 가장 잘한 선택은 아내를 만난 것과 성당에 다니기 시작한 것, 그리고 색소폰을 시작한 것이라고 얘기할 만큼 색소폰을 통해 삶의 즐거움을 느낀다고 합니다. 또한 동호회 활동 등을 통해 인간관계의 폭을 넓힐 수 있고, 나이가 들면 찾아오기 쉬운 우울증 · 치매 등에도 도움이 되며, 복식호흡으로 인해 뱃살이 빠지는 효과도 있다고 합니다. 퇴직 후 남아도는 시간을 감당하지 못해 고민하는 사람들에게 색소폰을 배울 것을 적극 권했습니다.

이제 그는 어느 정도 연주 실력이 되어 양재천 상설무대에서 공연은 물론 연주 봉사활동도 하고, 향후 동호인들과 함께 색소폰 실버 카페도 운영하고 싶다고 합니다. 그는 일과 함께 취미생활은 후반 인생을 풍요롭게 만드는 데 꼭 필요한 요소이므로 무엇을 하든 취미를 갖기 위한 노력을 게을리 하지 말라고 했습니다.

행복은 끊임없는 자기 성찰과 자기 발전에 대한 노력을 하면서 작은 것에 감사할 줄 아는 마음으로 살아갈 때 찾아온다고 생각하는 정윤민 씨. 그는 오늘도 그 행복을 맞이하기 위해 자기의 모든 것을 사회에 환원하는 마음으로 순간순간을 최선을 다해 살고 있습니다.

박
기
환

·

탄자니아에서 띄우는
노후행복 편지

·

6·25전쟁 이후 1955년 평택에 있던 피란민촌에서 태어났으며,

극심한 가난으로 매우 어려운 시절을 보냈습니다. 그러나 열악한 환경에도

굴하지 않고 끊임없이 노력하여 국방부 소속 컴퓨터 관련 연구소에 입사한 후

31년 동안 전자통신, 컴퓨터 시스템 분야의 일을 했습니다.

그러던 중 후반 인생에 대한 오랜 고민 끝에 회사를 그만두고,

대한민국의 해외무상협력사업을 전담하는 외교부 산하기관인 코이카의

해외봉사단에 지원하여 현재 두 번째 봉사지인 탄자니아에서

나눔과 봉사의 삶을 살고 있습니다.

1965년 9월 4일, 아프리카 가봉공화국 오고웨 강변의 랑바레네에서 '아프리카 흑인들의 아버지', '밀림의 성자', 아프리카 말로 '오강가(마법사)'로 불리던 한 남자가 세상을 떠났습니다. 다름 아닌 알베르트 슈바이처 박사로, 그는 아프리카에서 오랜 세월 의료 봉사활동을 하다가 90세기 되던 해에 눈을 삼았습니다.

슈바이처 박사가 사회활동가였던 아내 헬레나 브레슬라우와 함께 아프리카로 의료 봉사활동을 떠났던 나이는 38세였습니다. 평균 수명 100세 시대를 바라보는 지금이야 38세면 한창 젊은 나이지만 평균 수명이 그리 길지 않았던 1900년대 초에 38세는 결코 적은 나이가 아니었습니다. 그럼에도 그가 마흔을 바라보던 나이에 열악한 환경의 아프리카로 의료 봉사활동을 떠난 이유는 그가 21세 때 했던 다짐 때문이었습니다.

독실한 크리스천이자 신학을 공부하기도 한 슈바이처 박사는 '서른 살까지는 자신이 좋아하는 학문과 음악을 위해 살고, 그 이후의 인생은 그리스도처럼 다른 사람을 위해 살겠다'는 다짐을 했습니다. 이 다짐을 실천하기 위해 슈바이처는 30세에 의학 공부를 시작해 7년 만에 의학박사 학위를 받았고, 안정적 직업인 교수를 그만두고 단호하게 아프리카로 떠났습니다.

슈바이처 박사가 제2의 인생을 아프리카에서 의료 봉사활동을 하며 보내기로 결심한 이유가 있었습니다. 아프리카 흑인들이 비참한 노예생활을 하며 아무런 의료 혜택도 받지 못하고 전염병에 시달리며 고통을 받고 있다는 프랑스 선교단의 보고서 때문이었습니다. 우연하게 아프리카의 참혹한 실상을 알게 된 슈바이처 박사는 그 순간 자신이 앞으로 무엇을 하며 살아야 할지 깨닫게 된 것이지요. 그렇게 시작된 의료 봉사활동은 여든이 넘는 나이까지 계속되었고, 그 공로를 인정받아 1952년에 노벨 평화상을 받았습니다. 그리고 슈바이처 박사는 그 상금을 다시 나환자촌을 세우는 데 사용하니, 인류애를 몸소 실천한 위대한 인물이 아닐 수 없습니다.

제2의 인생, 그 막을 올리기까지

박기환 씨가 슈바이처 박사처럼 아프리카로 봉사활동을 떠난 것은 환갑을 목전에 둔 59세였습니다. 현재 그가 봉사활동을 하는 곳은 탄자니아의 킬리만자로 관문 도시인 모시(Moshi)로, 이곳은 그가 코이카 해외봉사단원으로서 필리핀에 이어 두 번째로 봉사하는 지역입니다. 코이카(한국국제협력단)는 대한민국의 해외 무상 협력사업을 전담하는 외교부 산하기관으로, 해외 재난 긴급구호, 국제기구를 통한 지원 사업, 민관 협력사업, 프로젝트 사업, 해외봉사단 파견 등을 통해 어려움에 처해 있는 가난한 나라에 다양한 원조를 하고 있습니다. 해외봉사단 파견은 코이카의 주요 업무 중 하나로, 박기환 씨가 이곳과 인연을 맺은 것은 딸 때문이었습니다.

박기환 씨는 31년간 국방부 소속 컴퓨터 관련 연구소에서 전자통신, 컴퓨터 시스템 분야의 일을 한 전문가입니다. 그는 2010년 9월, 정년을 5년 앞두고 명예퇴직을 했는데, 그 이유는 '후반 인생을 어떻게 살 것인가?'에 대한 깊은 고뇌 때문이었습니다. 50대가 되면서 그는 어떤 특별한 일이 있었던 것도 아닌데 자연스럽게 후반 인생에 대해 이런저런 고민이 생기기 시작했습니다.

'언제 퇴직하게 될지도 모르고, 60세가 되면 좋든 싫든 퇴직을 해야 하는데 그 이후에는 어떻게 살아야 할까?'
'그냥 이렇게 살다가 인생을 마쳐야 하나?'

그러던 중 우연히 한 지인으로부터 후반 인생에 관한 책을 선물받았고, 그는 이 책을 통해 많은 것들을 깨달았다고 합니다. 첫째, 후반 인생에 대한 준비는 단시간에 해결할 수 있는 일이 아니라는 것. 둘째, 그렇다고 하더라도 반드시 준비해야 한다는 것. 셋째, 정년퇴직 후 후반 인생을 준비하면 너무 늦다는 것.

이런 사실을 깨닫게 되자 그는 마음이 더욱 분주해졌습니다. 노후 준비는 장기적인 관점에서 체계적으로 해야 하는 것인데, 자신의 나이를 생각하니 더 늦어서는 안 된다는 절박함이 들었기 때문입니다. 그러나 그는 선뜻 직장을 그만둘 수가 없었습니다. 우선 지금 자신이 이런 고민을 하는 것이 맞는 것인지 확신이 서지 않았기 때문입니다. 많은 고생은 했지만 여태껏 잘 살아왔는데 이제 와서 이런 고민을 하며 갈등하는 것이 맞는지 혼란스러웠던 것이지요.

또 다른 이유는 가족이었습니다. 혈혈단신이면 모를까 한 가정의 가장으로서 단지 나 좋자고 사표를 내는 것은 매우 무책임한 행동이라고 생각했습니다. 그때까지 자신의 고민은 자신이 해결해야 할 문제이고, 또 얼마든지 해결할 수 있다고 생각하며 살아온 그였기에 자신의 생각이나 의지만으로 해결할 수 없는 가족이라는 문제에 부닥치자 그의 고민은 더욱 깊어졌습니다.

직장을 다니며 준비한 제2의 인생

그래서 그는 이 문제에 대해 오랜 시간 기도하며 생각하고 또 생각했습니다. 그리고 결국 내린 결론은 더 늦기 전에 제2의 인생을 시작해야 한다는 것이었습니다. 하지만 가족들에게는 자신의 결심을 섣불리 얘기하지 않았습니다. 조기 명예퇴직을 한다는 말을 꺼냈을 때 그 파장이 얼마나 클지 짐작할 수 있었기 때문입니다. 해서 그는 시간을 두고 조심스럽게 가족들에게 접근했고, 자식들은 큰 반발 없이 그의 결심을 받아들였습니다. 그러나 아내의 반대는 이만저만이 아니었습니다. 그가 명예퇴직 얘기를 꺼낼 때마다 아내는 신경을 곤두세우며 강력하게 반대했습니다. 그러나 어느 정도 시간이 지나자 아내는 더 이상 막아서 될 일이 아니라는 것을 인정했습니다.

그는 퇴직을 하자마자 코이카 해외 시니어 봉사단에 지원을 했습니다. 그는 사전에 많은 준비를 했기에 직장을 그만두고 바로 코이카 해외봉사단에 지원할 수 있었습니다. 사실 그는 제2의 인생을 살겠다는 생각을 하면서도 구체적으로 어떻게 살아야겠다는 계획을 세우지 못했습니다.

그러던 중, 퇴직하기 1년 전 우연히 딸에게 코이카에 대해 듣게 되었습니다. 그 얘기를 듣자마자 그는 눈에 보이지는 않지만 어떤 힘이 자신을 강력하게 끌어당기는 것을 느꼈습니다. 그래서 인터넷으로, 또 직접 본부를 방문하여 코이카 해외봉사단에 대해 꼼꼼하게 알아보았고, 덕분에 퇴직하자마자 곧바로 지원할 수 있었던 것입니다.

"봉사활동 갈 거면 나랑 이혼하고 가요!"

박기환 씨가 처음 파견을 나간 곳은 필리핀이었습니다. 그는 그곳에서 2년 동안 주로 자신의 전문 분야인 전자통신, 컴퓨터 시스템 관련 봉사활동을 했고, 두 번째 봉사지인 탄자니아 모시에서도 같은 봉사활동을 하고 있습니다. 현재 파견 나가 있는 탄자니아는 다른 개발도상국과 마찬가지로 선진국의 원조를 받아 관공서 등은 컴퓨터 시스템과 네트워크 환경이 잘 갖춰져 있지만 이를 관리하고 활용하는 수준이 낮아 박기환 씨는 이 나라 사람들에게 크나큰 도움이 되고 있습니다.

코이카 해외봉사단은 한 번 해외 파견을 나가면 그 활동기간이 보통 2년입니다. 그 기간이 지나면 귀국 후 다시 지원하여 또 다른 나라로 파견을 나가는 구조이지요. 그래서 박기환 씨는 2년간 필리핀 봉사활동이 끝나자마자 바로 탄자니아 봉사활동을 지원할 결심을 했습니다. 그만큼 해외 봉사를 하면서 느낀 보람과 기쁨이 컸기 때문입니다.

그러나 아내의 반대가 극심했습니다. 그도 그럴 것이 당시 아내가 암 수술을 받고 약 1년에 걸쳐 항암 치료를 하며 힘든 시간을 보내고 있던 중이었기 때문입니다. 이런 상황에서 남편이라는 사람이 또다시 머나먼 타국으로 떠나겠다고 하니 얼마나 속이 상하고 매정하게 느껴졌겠습니까? 하지만 그는 자신의 결심을 포기하지 않았습니다. 자기 합리화 같지만 우선 모든 것을 포기하고 집에 있게 되면 아내가 투병생활을 하는 데 어느 정도 도움은 될 수 있을 것입니다. 하지만 하루 종일 함께 있으면서 생기는 부부 간의 갈등과 스트레스가 아내의 건강에 부정적 영향을 미칠 수 있다는 판단에서였습니다. 또한 그대로 주저앉아 시간을 지체하게 되면 자신뿐만 아니라 아내의 후반 인생도 힘들어질 것이라고 판단했습니다.

무엇보다 해외 봉사활동을 하다 보니 인생을 살면서 다른 사람을 위해 봉사하는 일이 얼마나 중요한지, 독실한 크리스천으로서 구제, 봉사와 같은 사랑의 실천이 신앙생활의 핵심이라는 것을 가슴 깊이 깨달았기 때문입니다. 박기환 씨에게 봉사는 후반 인생을 모험과 즐거움, 기대로 가득 채우는 요소이자 인생의 의미와 자신의 존재가치를 부여하는 존재였던 것입니다.

그러나 아내의 태도는 단호했습니다. 뜻을 꺾지 않는 박기환 씨에게 "봉사활동을 갈 거면 나랑 이혼하고 가라"고 통보할 정도로 말이지요. 지금은 직접 탄자니아로 건너와 박기환 씨를 물심양면으로 도와주고 있는 가장 든든한 후원자이지만 당시 아내는 그의 결심과 신념을 강하게 흔드는 존재였습니다. 아내의 간곡한 부탁에도 탄자니아로 떠난 박기환 씨는 한동안 아내에 대한 미안한 생각에 마음이 편치 않았습니다. 그러나 언제나 그랬듯 결국 아내는 무심한 남편의 뜻을 이해해주었고, 박기환 씨는 그런 아내에게 늘 미안하고 고마운 마음을 느끼고 있습니다.

나이 많은 사람들이 해외 봉사활동에 적합한 이유

코이카 해외봉사단은 생활환경이 열악한 것은 물론 문화나 사고 방식, 생활습관 등 모든 것이 다른 개발도상국으로 파견을 나가는 만큼 힘든 일이 한두 가지가 아닙니다. 탄자니아의 경우도 보통 30도를 웃돌 정도로 날씨가 더운 데다 치안 상태도 좋지 않아 박기환 씨는 모시에 정착한 이후 지금까지 무려 세 번이나 물건을 도난당했다고 합니다.

무엇보다 필리핀에서든 탄자니아에서든 가장 힘든 점은 이 나라 사람들이 한 약속을 곧이곧대로 믿을 수 없다는 것입니다. 이 나라 사람들은 날짜나 시간 개념이 우리와 달라서 가령 "내일 오전 10시에 회사 앞에서 만납시다"라고 약속하면 그 내일이 모레가 될 수도 있고 글피가 될 수도 있습니다. 시간의 경우도 오전 10시에 만나기로 약속하면 그 시각에 나타나는 경우가 거의 없고, 기다리고 기다

리다 30분 정도 지나 연락하면 그게 무슨 대수냐는 듯 '지금 가고 있
는 중'이라고 얘기하는 경우가 허다하다고 합니다. 공적인 회의나 모
임을 할 때도 마찬가지입니다. 담당자나 관계자들이 약속한 시간보
다 짧게는 30분, 길게는 1~2시간이나 뒤늦게 나타나고, 늦게 와서도
미안한 기색을 보이지 않는 게 일상다반사여서 탄자니아에 사는 한
국 사람들은 이런 우스갯소리를 자주 한다고 합니다.

"야쿠자보다
더 무서운 나쿠자."

일본의 대표적 범죄조직인 야쿠자보다 더 두려운 것이 나쿠자라
는 얘기이지요. 여기서 나쿠자는 아프리카의 대표 언어인 스와힐리
어로, '나 지금 가고 있어'라는 뜻입니다. 처음에 박기환 씨도 이 문제
때문에 골머리를 앓았다고 합니다. 그러나 이것은 이들의 문화이자
오래된 삶의 습관이기에 태연하게 약속시간을 어기는 현지인들에게
화가 나기도 했습니다. 하지만 이들의 문화와 사고방식, 생활습관
등을 인정하고 받아들이려고 노력했고, 지금도 노력하고 있는 중이
라고 합니다.

이런 점에서 박기환 씨는 해외 봉사활동은 젊은 사람보다 고령자

들에게 적합하다고 말했습니다. 자신이 고령자라서 하는 말이 아니라 나이가 많은 사람들은 지금까지 살면서 산전수전에 공중전, 성공과 실패를 두루 경험한 이른바 백전노장이어서 젊었을 때는 볼 수 없었던 삶의 가치와 세상의 이치를 볼 수 있는 것은 물론 경험이 풍부한 만큼 상황에 대처하는 능력이 뛰어나기 때문입니다. 특히 지금 우리나라의 고령자들은 누구나 헐벗고 배를 곯았던 가난한 시대를 온몸으로 겪은 세대입니다. 그러니 한국이 가난했던 시절과 비슷한 상황인 개발도상국의 봉사활동은 젊은 세대보다는 고령자가 훨씬 유리하다는 것이 박기환 씨의 설명입니다.

그 역시 6 · 25전쟁 직후 평택에 있던 피란민촌에서 태어나 꿀꿀이죽을 먹으며 목숨을 연명할 정도로 가난한 어린 시절을 보냈습니다. 꿀꿀이죽은 미군부대에서 흘러나오는 음식 찌꺼기를 한데 모아 끓인 죽으로, 6 · 25전쟁 직후 가난하고 배고팠던 사람들에게 훌륭한 끼니가 되었습니다.

박기환 씨는 어머니가 큰 함지박을 머리에 이고 피란민촌 인근에 있던 미군부대에서 나온 음식 찌꺼기를 사러 갈 때면 종종 따라나서고는 했습니다. 그 음식 찌꺼기 속에 섞여 있던 담배꽁초, 이쑤시개, 풀어지지 않은 휴지 등을 아직도 생생하게 기억한다고 합니다. 박기환 씨는 지금은 상상할 수도 없는 이 꿀꿀이죽을 먹고 크게 탈이 나서 죽을 고비를 넘긴 적도 있었다고 하니, 그 당시 그가 얼마나 어려운 시절을 보냈는지 짐작할 수 있을 것입니다.

고등학교 때는 서울에서 학교를 다니기 위해 국회의원을 지낸 집에서 머슴으로 일하기도 했고, 작은 회사의 사무실에서 청소와 심부름을 하기도 했으며, 새벽에는 우유나 신문 배달을 하기도 했습니다. 그렇게 박기환 씨는 낮 시간은 일을 하고 저녁에는 학교에 가서 수업을 듣고 11시 즈음에 다시 낮에 일하던 회사 사무실로 돌아왔습니다. 왜냐하면 마땅히 거처할 곳이 없어 그곳에서 책상 위에 널빤지를 깔거나 몇 개의 의자를 연결해 잠을 자며 지냈던 것이지요.

집안 형편이 어려워 고등학교를 졸업하자마자 박기환 씨는 바로 취업을 했습니다. 예전보다 생활이 조금 나아지기는 했지만 가난의 늪에서는 좀처럼 헤어 나올 수가 없었습니다. 그래서 회사를 다닌 지 약 1년 정도 지났을 무렵 공부를 더 해야겠다는 결심을 하게 되었고, 당시 노동부에서 인가한 전자기술훈련소 2년 과정에 입학하여 전자공학 분야를 공부하기 시작했습니다.

그가 전자공학 분야를 택한 이유는 무선통신사 자격증을 따서 선박의 통신사가 되기 위함이었습니다. 선박의 통신사가 되면 세계를 누빌 수 있을 뿐만 아니라 돈을 많이 벌 수 있었기 때문에 그는 그 꿈을 이루겠다는 포부를 가졌습니다. 그리고 열심히 노력한 덕분에 무선통신사 자격시험에 일부 합격했지만 군 입대 문제로 마지막 관문인 실습시험을 보지 못해 결국 그 뜻을 이루지 못했습니다. 그렇게 아쉬움을 안고 군 입대를 한 박기환 씨는 제대 후 그가 31년간 근무한 국방부 소속 컴퓨터 관련 연구소에 입사한 것입니다.

박기환 씨는 이처럼 지독한 가난을 겪은 경험이 있어서 아무리 환경이 열악한 나라에 봉사활동을 나가더라도 이에 대한 걱정은 하지 않는다고 합니다. 가난했던 시절의 경험이 그에게 자신감을 심어준 것이지요. 또한 '홀아비 사정은 과부가 안다'는 말이 있듯 자신이 직접 온몸으로 가난을 체험했기에 그곳 사람들의 어려움과 사정을 더 잘 이해할 수 있고, 그 때문에 조금이라도 더 도움을 주고자 하는 마음이 생긴다고 합니다.

이런 가난한 시절의 경험, 연구소 입사 초기에 몸으로 때우며 힘들게 일했던 경험, 군 생활의 경험, 결혼과 자녀를 키운 경험 등 지금까지 살면서 겪은 모든 경험들이 해외 봉사활동을 하는 데 크나큰 도움이 된다고 하니, 해외 봉사활동은 젊은이들보다 고령자들에게 더 적합한 일이라고 확신하는 박기환 씨의 마음을 충분히 이해할 수 있을 것 같습니다.

봉사하는 삶, 그 기쁨과 즐거움

그런데 만약 박기환 씨가 해외 봉사활동을 시작하지 않았다면 지금 그는 무엇을 하며 지내고 있을까요? 그는 분명 직장생활을 계속하다 정년퇴직을 한 후 소일거리를 찾거나 어떻게 돈을 벌어야 할까를 고민하면서 무의미한 인생을 보내고 있을 것이라고 단언했습니다. 31년 동안의 직장생활도 나름대로 의미와 가치가 있었지만 과감하게 직장을 그만두고 제2의 인생을 시작한 자신의 결정에 전혀 후회가 없다고 합니다. 이런 이유로 그는 회사를 그만둔 후 무엇을 하며 살아야 할지 몰라 고민하거나 할 일 없이 하루하루를 보내는 퇴직자들에게 해외 봉사활동을 권하고 싶다고 했습니다.

막연하게 해외 봉사 하면 젊은 사람들만 하는 것이라고 생각하는 경우가 많은데 젊은 사람은 젊은 사람대로, 고령자들은 고령자대로 마음만 먹으면 해외 봉사활동이 가능하며, 대부분의 활동들이 자신이 이제껏 해온 일을 현지 실정과 수준을 보고 맞춰 가면서 현지인과 함께 하는 체계가 갖춰져 있어서 크게 고민하거나 두려워할 필요가 없다고 합니다.

무엇보다도 해외 봉사는 현지인들을 이해하고 이들과 소통하는 것이 가장 중요하기 때문에 경험이 많은 고령자들에게 훨씬 적합한 일이라고 거듭 강조합니다. 개발도상국가 대부분이 생활환경이 깨끗하지 않고 위생시설이 열악해서 건강을 걱정하는 사람들이 많은데 해외 봉사를 나가기 전 미리 사전 교육과 훈련을 받기 때문에 이에 대해 크게 걱정할 필요는 없다고 했습니다.

해외 봉사를 나가면 처음에는 대개 현지인들의 표정이 무뚝뚝하다고 합니다. 그러나 사람 사는 것이 다 그렇듯 소소하더라도 이쪽에서 도움을 주면 환한 미소를 보내기도 하고, 진심어린 감사의 인사를 하기도 한다고 합니다. 그때 느끼는 기쁨과 보람이 얼마나 큰지, 박기환 씨는 직접 경험해보지 못한 사람은 그 감동을 결코 알 수 없다고 했습니다. 이런 경험을 할 때마다 나의 욕심과 만족, 쾌락을 위한 삶이 아니라 지금까지 자신이 세상으로부터 도움을 받았음을 인정하고 내가 얻고, 소유하고, 경험하게 된 모든 것에 감사하며 이를 다른 사람에게 베푸는 일을 할 때 후반 인생을 참된 행복으로 채울 수 있다는 사실을 깨닫고 또 깨닫는다고 합니다.

그래서 남은 인생도 국내든 해외든 가리지 않고 다른 사람에게 자신의 모든 것을 베풀 수 있는 가치 있고 의미 있는 일을 찾아 나설 것이라는 박기환 씨. 실제로 그는 우리가 미처 몰랐을 뿐 세상에는 가치 있고 보람 있는 일이 수없이 많고, 80세 가까운 나이에도 이러한 일을 왕성하게 하고 있는 고령자들이 적지 않다고 말했습니다.

이렇듯 자기 스스로 후반 인생을 의미 있고 가치 있게 만들어 간다면 100세, 아니 그 이상을 살아도 축복이 아니겠느냐고 말하는 박기환 씨. 그를 보면서 나 자신만을 위한 안락한 생활을 버리고 어려움과 위험이 따르는 아프리카에서 모든 것을 헌신했던 슈바이처 박사가 떠오른 것은 어쩌면 낭연한 일인지도 모릅니다. 오늘도 30도가 웃도는 탄자니아의 무더위 속에서 자신의 모든 것을 헌신하며 봉사 활동을 하고 있는 그를 생각하며 슈바이처 박사의 묘비에 쓰인 글을 떠올려 봅니다.

만약 식인종이 나를 잡으면
나는 그들이 다음과 같이 말해주길 바란다.
우리는 슈바이처 박사를 먹었어.
그는 끝까지 맛이 좋았어.
그리고 그의 끝도 나쁘지는 않았어.

전
휘
자

·

나눔을 위해 밥 퍼주는 여자

·

올해로 75세인 전휘자 씨는 결혼 후 평범한 가정주부로 지내다가
은행원으로 명예퇴직을 한 남편의 병간호를 하면서
2003년에 고양시덕양노인종합복지관과 인연을 맺었습니다.
복지관을 통해 노년의 행복을 찾았으며,
이러한 행복을 타인에게 나누어주고자
10년이 넘게 식당 봉사를 하고 있는 전휘자 씨는 현재
전통예절 봉사, 인형극 봉사활동까지 하며
더 많은 나눔을 실천하고 있습니다.

살다 보면 마치 어제의 일처럼 선명하게 떠오르는 추억들이 있습니다. 고양시덕양노인종합복지관에서 만난 전휘자 씨에게도 그런 추억들이 있다고 합니다. 올해로 7학년 5반이 된 그녀는 유독 다섯 살 때와 아홉 살 때에 있었던 일들이 생생하게 떠오른다고 합니다.

다섯 살 때의 기억 속에는 금테를 두른 제복을 입고 모자를 쓴 아버지의 모습이 있습니다. 당시 전휘자 씨의 아버지는 강원도 철원군에 위치한 금강산선의 철도역인 동철원역(1924년 개통~1950년 폐쇄)의 역장으로, 어린 전휘자 씨에게는 다른 사람들에게 자랑하고 싶을 만큼 멋진 존재였습니다.

아홉 살 때의 기억은 6·25전쟁을 겪은 세대들은 누구나 공감할 만한 아픈 추억입니다. 1950년 겨울 북한을 지원한 중공군의 공격으로 한국군과 미군이 38도선 아래로 밀려나면서 수많은 사람들이 피란길에 오르게 되었습니다. 일명 1·4후퇴라고 하지요. 철원에 살던 전휘자 씨 가족들도 무섭게 밀고 내려오는 북한군과 중공군을 피해 피란을 떠났습니다.

그런데 아버지와 어머니를 따라 눈길을 걷고 있는데, 중간중간 요와 돗자리를 펴놓은 곳에 앉은 할아버지와 할머니에게 큰절을 올리는 사람들이 보였습니다. 어린 나이에 호기심이 생긴 전휘자 씨는 아버지에게 왜 길에서 제사를 지내느냐고 물었고, 아버지는 어두운 표정으로 입을 꾹 다물었다고 합니다. 나중에 알고 보니 그것은 거동이 불편해 피란을 가기 어려운 아버지와 어머니, 혹은 할아버지와 할머니에게 자식들과 그 자손들이 헤어지기 전 마지막 절을 올리는 모습이었습니다. 피란통에도 눈길을 밟는 것이 신이 나서 눈 오는 날 강아지마냥 이리 뛰고 저리 뛰던 철부지 아이였지만 뭔가 느껴지는 것이 있었던 모양인지 그 모습이 오랫동안 잊혀지지 않았다고 합니다.

　전휘자 씨는 역장도 하고 미군부대도 다니셨던 아버지 덕분에 당시 원피스를 입고 다닐 정도로 꽤 부유한 환경에서 자랐습니다. 그

래서 원피스를 입고 다니던 전휘자 씨는 학교 친구들에게 부러움의 대상이었고, 성격도 워낙 밝고 활달해서 선생님들에게도 많은 사랑을 받았습니다. 역사적으로는 나라 전체가 힘든 시기였지만 철없던 어린 전휘자 씨에게는 더없이 행복했던 시절이었던 것이지요. 그런데 전휘자 씨는 봉사활동을 시작한 이후 그 시절만큼이나 행복한 나날을 보내고 있다고 합니다.

남편따라 시작된 복지관과의 인연

전휘자 씨가 봉사활동을 하는 곳은 고양시덕양노인종합복지관입니다. 이곳은 사회복지법인 해피월드복지재단이 고양시에서 위탁받아 운영하는 노인복지 서비스 전문기관으로, 이 지역 노인들의 행복과 건강한 지역사회를 만들어가기 위해 열심히 노력하고 있습니다.

전휘자 씨가 고양시덕양노인종합복지관과 인연을 맺은 것은 남편 때문이었습니다. 2005년에 세상을 떠난 그녀의 남편은 오랜 세월 은행을 다니다가 1997년 IMF로 명퇴 바람이 불면서 정년을 얼마 앞두고 직장을 그만두었습니다. 은행생활이 사회생활의 전부였던 남편은 퇴직 후 다른 일을 해볼 엄두도 내지 못하고 허송세월을 하다가 그만 교통사고를 당하고 말았습니다. 천만다행으로 목숨을 건진 남편은 치료를 잘 받아 거의 완쾌가 되었지만 얼마 지나지 않아 다시 교통사고가 나, 그로 인해 거의 완치되었던 몸은 크게 나빠지고, 심지어 오른쪽 다리를 쓰지 못하는 지경에 이르게 되었습니다.

이후 남편은 운전은 물론 거동이 불편해 혼자서는 멀리 나가지 못하게 되었고, 전휘자 씨는 그런 남편의 옆을 지키느라 친구 한 번 만나는 것도 어려웠습니다. 그런데 어느 순간부터 남편이 외출을 해 하루 종일 보이지 않는 날이 늘어났습니다. 걱정이 되기도 하고 궁금하기도 했던 전휘자 씨는 한번은 집에 들어오는 남편에게 어디를 갔다 오느냐고 물었습니다. 남편은 전에 없이 즐거운 표정으로 복지관(고양시덕양노인종합복지관)에 갔다 온다며 그곳에서 다른 사람들과 탁구도 하고 당구도 치며 시간을 보낸다고 말했습니다. 연이은 교통사고로 불편해진 다리 때문에 늘 표정이 어두웠던 남편의 얼굴이 환해지는 것을 보니 전휘자 씨도 덩달아 기분이 좋아졌습니다.

그런데 남편이 복지관에서 오랜 시간을 있다 보니 약을 제때 챙겨 먹지 못하는 일이 벌어졌습니다. 교통사고로 다리뿐만 아니라 여기저기 몸이 성치 않은 만큼 매일 제시간에 약을 챙겨 먹는 것은 매우 중요한 일이라 그녀는 아내로서 이만저만 걱정이 아니었습니다. 해서 전휘자 씨는 수고스럽지만 약 먹을 시간이 되면 복지관을 찾아가 남편에게 약을 챙겨 먹였고, 어느 순간부터는 그곳에서 점심도 함께 먹고 남편이 이런저런 활동을 하는 것을 지켜보았습니다.

그때까지 복지관은 70~80세 된 할아버지, 할머니들만 가는 곳이라고 생각했던 전휘자 씨는 자기 또래로 보이는 사람들이 나와 여러 가지 활동을 하는 것을 보며 적잖이 놀랐고 그 모습이 참으로 보기 좋았다고 합니다. 그러다 보니 처음처럼 복지관에 나오는 것이 어색하지도 망설여지지도 않았다는 전휘자 씨. 그러던 어느 날, 여느 때처럼 남편에게 약을 챙겨 먹이고 점심을 먹은 후 다른 사람들과 어울리는 남편의 모습을 물끄러미 바라보며 앉아 있는데, 식당에서 분주하게 일하는 사람들이 눈에 들어왔습니다. 바빠 보이기도 하고 심심하기도 했던 그녀는 자연스럽게 식당 일을 거들었고, 그 이후로도 종종 식당 일을 도왔습니다. 딱히 할 일도 없고 무료했던 그녀에게 식당 일은 몸은 힘들지만 적지 않은 뿌듯함을 느끼게 하는 일이었습니다.

봉사하는 삶, 그녀의 인생 2막의 시작

남편을 따라 복지관에 나와 틈틈이 식당 일을 돕는 생활은 무려 10개월 동안 이어졌습니다. 그러던 중 교통사고 후유증과 이런저런 지병으로 남편의 몸이 급격하게 나빠졌고, 결국 입원을 하기에 이르렀습니다. 그리고 3~4개월간 병원에서 치료를 받던 중 남편은 허무하게 세상을 떠나고 말았습니다. 그렇게 혼자가 된 전휘자 씨는 한동안 두문불출하며 집에서만 지내고 있었습니다. 그러던 중 복지관 식당에서 함께 일하던 자원봉사자들의 연락을 받고 그 사이 다른 곳으로 이전한 복지관을 찾게 되었습니다.

새롭게 단장한 고양시덕양노인종합복지관은 시설도 시설이지만 고령자들을 대상으로 하는 프로그램이 다양하게 있었습니다. 전휘자 씨는 그중 서너 개를 신청해서 수업을 듣기 시작했습니다. 그러면서 자연스럽게 식당 일도 거들게 되었는데, 어느 날 그곳 영양사가 그녀에게 어차피 식당 일을 도와주니 자원봉사자로 등록해서 본격적으로 봉사활동을 해보는 것은 어떠냐며 의향을 물었습니다. 그 말에 마음이 흔들리기는 했지만 선뜻 나서지 못했다는 전휘자 씨. 왜 그랬을까요?

"시간이 날 때마다 도와주는 거랑 본격적으로
봉사활동을 하는 거랑은 다르잖아요?
봉사활동을 하기로 해놓고는 이런저런 일로 약속을 못 지켜봐요.
다른 사람들한테 피해도 줄 수 있고….."

그러니까 전휘자 씨는 본의 아니게 무책임하게 봉사를 하는 일이 생길까 봐 염려했던 것입니다. 그만큼 그녀는 봉사는 일단 시작하면 최선을 다해야 하고, 흐지부지 관둘 것 같으면 차라리 안 하느니만 못하다는 생각을 가지고 있었습니다. 아닌 게 아니라 처음에 좋은 마음으로 덥석 봉사활동을 시작했다가 오늘은 이래서 빠지고, 내일은 저래서 빠지고 하다가 그냥 그만두는 사람들이 허다하다고 합니다. 전문가들은 이런 일회성 봉사는 무의미하기 때문에 장기간 지속해서 하려는 마음가짐을 가지고 시작하는 것이 바람직하다고 합니다.

　　아예 안 하면 모를까 일단 시작하면 최선을 다해야 한다고 생각했던 전휘자 씨는 적지 않은 고민 끝에 봉사활동을 하기로 마음을 먹었습니다. 그리고 지금까지 10년이 넘게 복지관에서 식당 봉사를 하고 있습니다.

"봉사하는 즐거움, 헤어 나올 수 없어요"

전휘자 씨가 식당에서 하는 봉사는 주로 음식 준비와 배식입니다.
아침 10시에 나와 나물·파 등을 다듬고, 김치 등을 썰어 배식 준비
를 한 후 식사를 하러 온 사람들의 식판에 밥과 반찬을 나눠주는 것
입니다.

손이 모자랄 때는 도와주기도 하지만 식당 봉사활동은 일주일에
한 번 토요일에만 합니다. 하지만 전통예절 봉사, 인형극 공연 봉사,
댄스도 하기 때문에 그녀는 일주일이 어떻게 가는지도 모르게 빠르
게 지나간다고 합니다. 그러다 보니 자식들에게 그녀는 늘 바쁜 엄
마였습니다.

"우리 애들이랑 떨어져 사는데, 가끔씩 집을 비울 일이 있을 때면
저한테 전화해서 집에 와 있어달라고 부탁해요.
그러면 제가 이날 이날은 되고
이날 이날은 안 된다고 그러거든요?
그러면 애들이 저한테 '엄마, 정말 잘났어'라고 말합니다.
그러면서도 활발하게 활동하며 바쁘게 사는
제가 내심 좋은가 봐요."

최근 들어서는 작은딸이 종종 전휘자 씨에게 고맙다는 문자를 보낸다고 합니다. 그래서 어느 날 전휘자 씨가 작은딸에게 뭐가 고맙냐고 물었더니, 이런 얘기를 하더랍니다.

"우리 딸이 그래요. 자기 친구들은 엄마, 아버지가 아파서
병원에 입원해 있고, 아프니까 자주 보러 오라고 그런데요.
그래서 조퇴하고 보러가기도 하고 그러는데,
자기는 엄마가 건강해서 그러지 않아도 되니까 너무 고맙다고….
그래서 제가 왜 그런 생각을 하냐며
너도 늙는가 보다라고 그랬죠."

딸에게 말은 그렇게 했지만 그녀는 자신도 건강하게 봉사활동을 하며 이런저런 일을 할 수 있는 것이 너무나 감사하다고 합니다. 그러면서 자신이 이 나이에도 이렇게 건강할 수 있는 가장 큰 비결은 봉사활동이라고 말했습니다.

남편과 함께 복지관에 나오기 전까지 그녀는 집과 가족밖에 모르는 사람이었습니다. 남편 뒷바라지에 세 남매 키우랴, 또 그 자식들 손주들 봐주랴 집 밖으로 나와서 뭔가 한다는 것은 상상도 못했지요. 가족들 챙기고 집안일 하는 것이 의미가 없지는 않았지만 늘 속이 더부룩해서 집에 소화제가 떨어지는 날이 없었다고 하는 전휘자 씨. 그

런데 복지관에 나와 봉사활동도 하고 이런저런 것도 배우기 시작하면서 어느 순간 더 이상 소화제를 먹지 않게 되었다고 합니다.

> "복지관에 오면 기분이 확 좋아져요. 모두 반갑게
> 인사해주고 반겨주고, 복지사님들은 어르신, 어르신 하면서
> 무슨 일을 하든 할 수 있다고 응원해주세요.
> 그리고 일단 바쁘고 보람 있는 일을 하니까
> 소화가 됐는지 안 됐는지도 모르게 배가 고파요."

반면 전휘자 씨의 친구들은 늘 아프다며 약을 입에 달고 산다고 합니다. 그녀가 보기에는 멀쩡한데도 말이지요. 그녀는 봉사활동을 하면서 몸이 건강해지는 것을 직접 경험했기 때문에 그 친구들에게 적극적으로 봉사활동 할 것을 권한다고 합니다. 이런 우스갯소리를 하면서 말이지요.

"집에만 있는 귀부인은 말년이 안 좋아. 그러니까 나와."

그러나 대부분의 친구들이 선뜻 용기를 내지 못한다고 합니다. 이런저런 걱정도 되고, 부담도 되고, 무엇보다 편안한 일상에 젖어 그 생활을 쉽게 버리지 못하기 때문입니다. 전휘자 씨는 이런 친구들을 보면 조금 안타까운 마음이 든다고 합니다. 봉사라는 것이 결코 쉬운 일은 아니지만 그 힘듦을 상쇄하고도 남을 정도로 봉사가 주는

기쁨과 즐거움, 보람은 어마어마하니까요. 그래서 일단 봉사가 주는 매력에 빠지면 헤어 나오기가 어렵다고 합니다. 전휘자 씨가 10년 넘게 봉사활동을 지속할 수 있었던 것도 봉사의 참맛을 알았기 때문입니다.

> "저는 10년 넘게 봉사를 하면서 단 한 번도 그만두고 싶다는
> 생각을 해본 적이 없어요. 물론 힘들 때도 있지요.
> 하지만 봉사가 얼마나 즐거운 일인데요.
> 그 매력을 알면 절대 못 그만두죠."

그렇다면 자원봉사의 매력을 느끼고 싶은 사람들은 어떻게 해야 할까요? 전휘자 씨는 주위에 봉사를 하는 사람이 있으면 따라가 경험해보고, 그렇지 않으면 가까운 복지관을 찾아가보라고 조언했습니다. 더불어 자원봉사를 할 때는 무엇보다도 내가 할 수 있는 일을 선택해야 오랫동안 할 수 있다고 말했습니다. 이 세상에 쉬운 일은 없다지만 내가 너무 하기 어렵거나 몸에 무리가 가는 일을 하게 되면 힘은 힘대로 들고 의욕도 생기지 않아 얼마 못 가 포기하는 일이 생길 수 있다고 말이지요.

자원봉사는 나이 든 사람들이 하면 더욱 좋다고 말하는 전휘자

씨. 집에서 살림만 하고 자식들 키우느라 삶의 공허함을 느끼는 사람이든, 젊었을 때 한창 일하다가 퇴직 후 남아도는 시간을 어떻게 보내야 할지 막막한 사람이든 봉사활동을 하면 삶의 의미와 보람을 찾을 수 있다고 합니다. 뿐만 아니라 함께 봉사활동을 하는 사람들과 친분을 쌓으니 고독감이나 소외감도 극복할 수 있고, 삶에 대한 긍정적인 태도도 가질 수 있고, 건강도 좋아지고, 가족 간 관계도 개선될 수 있으니 주저하지 말고 용기를 내어 도전을 해보라고 적극 조언했습니다.

전국에서 활동하는 노인 인형극 팀들이 참여하는 인형극 대회 본선이 있어 마음이 분주하다는 전휘자 씨. 처음 인형극을 시작할 때는 팔이며 옆구리가 아프고 동화 구연하는 사람의 목소리에 맞춰 인형을 능숙하게 다루지 못해 고생하던 때가 엊그제 같은데 2년여간 열심히 한 끝에 인형극 대회 본선에 진출하는 결실을 맺었다고 합니다. 전휘자 씨의 얼굴은 자신의 삶에 대한 만족감과 기쁨으로 환하게 빛났습니다.

이
경
식

·

행복한 삶, 죽음을 대하는 우리들의 자세

·

한국 호스피스의 개척자이자 발전의 산 증인인 이경식(73세) 교수는
1967년 가톨릭대학교 의과대학을 졸업했습니다. 미국으로 건너가 미국 암전문의,
혈액 전문의, 내과 전문의 자격을 취득하고 1981년 다시 고국으로 돌아와
서울성모병원에서 암 전문의로 일했습니다. 그러던 중 연명 치료에 매달리다가
자신의 삶을 정리할 기회도 없이 고통스럽게 죽어가는 환자들을 보며 호스피스를
시작해 지금까지 서울성모병원 호스피스 완화의료센터에서 열정적으로 호스피스를
하고 있습니다. 또한 무료 가정방문 삼성산 호스피스 봉사회에 참여하였습니다.
지은 책으로는 《사랑 이야기》, 《새로운 생명》, 《서로 사랑할 때》, 《동트는 아침》,
《해처럼 빛나고》, 《호스피스 사랑의 노래, 나자렛 예수님과 함께》 등이 있으며,
현재 서울성모병원 호스피스 완화의료센터의 명예교수로 있습니다.

2008년에 개봉한 '버킷 리스트(Bucket List)'라는 영화를 아시나요? 지금은 익숙한 단어가 되어 버렸지만 당시에는 버킷 리스트라는 말이 매우 생소했습니다. 버킷 리스트는 죽기 전에 꼭 해보고 싶은 일과 보고 싶은 것들을 적은 목록을 일컫는 말입니다. 영화 '버킷 리스트'는 제목 그대로 시한부 선고를 받은 두 주인공이 죽기 전에 해보고 싶은 일들을 리스트로 만들어 하나씩 실행하는 이야기를 담고 있습니다.

두 주인공은 '우리가 인생에서 가장 많이 후회하는 것은 살면서 한 일들이 아니라 하지 않은 일들'이라고 여기고 버킷 리스트를 작성한 후 후회하지 않는 삶을 살다 생을 마감하기 위한 여행을 떠나지요. 그들의 버킷 리스트 목록은 다양합니다.

· 세렝게티에서 사냥하기
· 카레이싱과 스카이 다이빙하기
· 문신하기
· 눈물이 날 때까지 웃어 보기
· 가장 아름다운 소녀와 키스하기

두 주인공은 버킷 리스트 목록을 하나씩 실행하면서 삶의 의미와 기쁨, 통찰, 행복, 우정 등 많은 것을 느끼고 공유하게 됩니다. 그런데 죽음이 얼마 남지 않았다는 사실을 알았을 때, 우리는 이들처럼 의연하게 죽음을 받아들이고 자신이 하고 싶은 일들을 실행해 나갈 수 있을까요? 누구나 자신이 언젠가 죽음을 맞이한다는 것을 잘 알면서도 대부분 '나의 일'로 받아들이지 못합니다.

실제로 가톨릭대학교 의대 명예교수이자 가톨릭대학교 서울성모병원 호스피스 완화의료센터 의사인 이경식 교수는 나이가 많든 적든, 자신의 삶을 충실하게 살았든 그렇지 않았든 이제 곧 죽음을 맞이해야 한다는 사실을 알았을 때 저항감 없이 받아들이는 사람은 거의 없다고 합니다. 가령 병원에서 말기암 판정을 받으면 대부분의 사람들이 처음에는 '내가 암에 걸렸다고? 아닐 거야. 뭔가 검사를 잘못 했을 거야. 난 아직 할 일이 많은데, 이렇게 죽을 수 없어'라고 현실을 부정하며 이리저리 병원을 다니며 검사를 받다가 이 단계가 지나면 분노를 한다고 합니다.

이경식 교수는 이때 분노하는 대상은 그 누구도 아닌 자기 자신의 삶이라고 했습니다. '지금까지 남들한테 해코지 한 번 하지 않고 착하게 살았는데 왜 내가 암에 걸려야 하지? 내가 뭘 잘못했다고?'라며 자기 삶에 대해 분노를 느끼는 것이지요. 이 단계를 거치면 타협을 합니다. 나를 낫게 해주면 좋은 일, 착한 일을 많이 하겠노라고 말이지요. 그러다가 우울증에 빠지고 마지막에는 죽음을 받아들이게 된다고 합니다. 이경식 교수는 죽음은 인간이 받아들이기 어려운 영적인 차원의 존재이기 때문에 거의 모든 사람이 순서만 조금씩 다를 뿐 이러한 단계를 거쳐 죽음을 수용하게 되며, 죽음을 받아들이기 위해서는 마음속 갈등을 표출하는 시간을 가져야 한다고 했습니다.

이경식 교수가 하는 '호스피스(hospice)'는 바로 임종을 앞둔 환자 곁에서 그가 곧 맞이하게 될 죽음에 대해 부정과 분노에 이어 타협과 우울의 단계를 거쳐 수용에 이를 때까지 함께하는 일입니다. 죽음은 정복해야 할 '삶의 적'이 아니라 '삶의 일부'이자 '삶의 완성'임을 알게 해줌으로써 남은 삶을 여한 없이 충만하게 살도록 안내해줍니다. 동시에 최대한 평안한 상태에서 삶의 마지막 순간을 아름답게 마무리하도록 돕는 일입니다.

질병이 아니라 인간 전체를 돌보는 호스피스

호스피스는 라틴어에서 유래된 말로, 중세시대 때부터 '아픈 사람들과 죽어가는 사람들을 위한 안식처'라는 의미로 사용되었고, 현재는 임종이 임박한 환자가 편안하고도 인간답게 죽음을 맞이할 수 있도록 하는 것은 물론 그 환자의 가족이 겪는 고통과 슬픔까지 총체적으로 돌본다는 의미를 가지고 있습니다.

이경식 교수가 설명하는 호스피스는 죽음을 싸우고 극복해야 할 대상이 아니라 하나의 자연스러운 현상으로 받아들이도록 하여 환자가 가장 인간답게 자신의 삶을 마무리할 수 있도록 돕는 것이 목표이기 때문에 호스피스 병동과 일반 병동은 엄연한 차이가 있다고 했습니다. 일반 병동은 죽음을 부정하고 병을 낫게 하고 생명을 연장하는 신체적 치료에 집중하지만 호스피스 병동은 마지막 순간까지 인간답게 살게 하는 것이 목표이기 때문에 인간 전체를 돌보는

'전인 치료'가 이루어진다고 합니다. 그래서 이경식 교수는 호스피스는 의사 혼자서는 할 수 없고 의사를 비롯해 간호사, 사회사업가, 자원봉사자, 성직자, 영양사, 약사, 요법치료사 등이 한 팀을 이루어 환자를 돌본다고 했습니다.

이 중 의사와 간호사는 주로 통증을 비롯한 신체적 증상과 고통을 해결해줍니다. 사회사업가는 환자와 가족을 상담하여 심리적인 문제, 가족 간의 문제, 사회적인 문제, 경제적인 문제에 도움을 주며, 자원봉사자는 목욕, 발마사지, 미용, 대화 나누기, 침상 정리, 기도, 성가 등 환자와 가족들에게 심리적인 지지와 실제적인 도움을 줍니다. 성직자는 삶과 죽음의 의미를 깨닫게 하는 것은 물론 신앙 상담, 인생 문제 상담, 기도 등을 통해 환자와 가족을 영적으로 돌봅니다. 그러나 이경식 교수는 호스피스 구성원들이 하는 일은 저마다 다르지만 마음은 하나라고 했습니다.

"호스피스 팀들은 너나 할 것 없이 엄마가 자식을 사랑하듯 혼신의 힘을 다해 사랑으로 환자와 그 가족을 돌봅니다. 사랑 없이는 호스피스를 할 수 없지요. 호스피스는 한마디로 '사랑의 돌봄'입니다. 그 돌봄은 내 중심이 아니에요.

환자 중심의 '이타적인 돌봄'이지요."

이런 이유로 호스피스 병동은 일반 병동과 달리 모든 결정권이 환자에게 있다고 합니다. 예를 들어 목욕을 하더라도 자원봉사자가 일방적으로 진행하는 것이 아니라 일단 환자의 의견을 묻고 그 의견에 따라 행하기도 하고 다음에 시행하기도 한다고 합니다.

그에 반해 일반 병동에서의 중환자들은 어떻습니까? 응급실에 실려 오면 호흡을 위한 관이 꽂힌 채 인공호흡을 당하면서 링거로 영양제와 항생제를 맞으며 생을 마감합니다. 자기의 인생임에도 이제껏 살아온 삶을 마무리할 기회도 없이 가족들이 하는 대로 아무것도 모른 채 그렇게 허망하게 세상을 떠나는 것입니다. 마지막 삶의 주인이 자기가 아닌 것이지요. 그러나 호스피스는 모든 결정의 권리를 환자에게 주기 때문에 자기 삶의 주인이 그 누구도 아닌 자기 자신이라는 것을 느끼며 아름답게 삶을 마무리하지요.

이 땅에 호스피스가 뿌리를 내리기까지

그렇다면 서울성모병원 호스피스 완화의료센터의 이경식 교수가 처음 호스피스에 관심을 갖게 된 계기는 무엇일까요?

199

이경식 교수는 1968년 미국으로 건너가 종양학을 공부해 암 전문의 자격을 취득한 후 1981년 한국으로 돌아와 서울성모병원에서 암 전문의로 일했습니다. 그때 말기암 환자들이 항암 치료를 받으며 통증과 고통 속에서 죽음에 이르는 모습을 목격합니다. 그러면서 '과연 이들을 어떻게 돌보는 것이 도리인가?'를 생각하게 되었다고 합니다.

"의사의 본분은 병을 치료하여 낫게 하고 생명을 살리는 것입니다. 그렇게 배웠고, 또한 사회적으로도 그렇게 믿고 있습니다. 그러다 보니 의사들은 환자를 하루라도 더 살리기 위해 애를 쓰고, 환자는 인공호흡기를 달고 의식이 없는 상태로 가족들에게 유언 한마디 할 기회조차 갖지 못한 채 고통 속에서 세상을 떠납니다. 어느 날부터 그렇게 죽어가는 환자들을 보는 것이 괴로웠고 회피하고 싶은 마음이 들었습니다. 의사로서 내가 할 일을 못하는 것 같다는 무력감과 패배감을 느꼈지요. 그러면서도 의사로서 이런 환자들을 도와줘야 하는 것이 아닌가라는 생각이 들었고, 그렇게 자연스럽게 호스피스에 관심을 갖게 되었습니다."

때마침 미국에서도 호스피스가 시작이 된 데다 병원의 신부님과 수녀님들도 관심이 많았기 때문에 국내 최초로 서울성모병원에서 근대적인 호스피스가 시작되었습니다.

원래 우리나라의 호스피스 역사는 그리 길지 않습니다. 1964년 호주에서 온 가톨릭 수도회인 '마리아의 작은 자매회'가 강릉의 갈바리 의원에서 호스피스를 시작했으나 성직자 중심으로 전국으로 확산되지 못하고 좁은 지역에 머무르는 한계를 보였습니다. 그렇게 명맥만 유지해오던 호스피스는 1981년 서울성모병원에서 의사인 이경식 교수와 함께 성직자 중심이 아닌 의사와 간호사, 자원봉사자, 사회사업가, 성직자, 영양사, 약사, 요법치료사 등이 한 팀을 이루어 전인 치료를 하는, 이른바 근대적인 호스피스를 시작하게 됩니다. 이경식 교수는 우리나라에 근대적인 호스피스를 처음 시작하고 전국적으로 확산시키는 데 기여했습니다.

당시 우리나라는 호스피스의 불모지인 데다가 이경식 교수는 원래 암 전문의였기 때문에 처음에는 간판도 없이 호스피스 활동을 시작했습니다. 그러나 생명을 연명하는 치료에 매달리느라 자기 삶을 마무리할 기회도 없이 고통 속에서 죽어가는 환자들을 보게 되었습니다. 마지막 순간을 가장 인간답고 아름답게 마무리하도록 도와주겠다는 마음이 강했던 만큼 이경식 교수는 1988년 서울성모병원에 호스피스 완화의료병동이 설립되는 데 지대한 영향을 미쳤습니다.

웰다잉으로 이끄는 이타적인 사랑의 실천, 호스피스

서울성모병원 호스피스 완화의료센터는 국내 호스피스의 선구자역할을 하였기 때문에 처음에는 수많은 어려움을 겪었습니다. 그중에서 가장 큰 어려움은 국가의 지원이 절대적으로 부족하다는 것이었습니다.

최근 호스피스에 건강보험을 적용시키는 법이 제정되어 환자들이 부담하는 비용이 줄어들었지만, 아직도 환자가 부담하는 비용은 만만치 않습니다. 무엇보다 건강보험 대상자가 말기암 환자로 국한되어 있어 호스피스를 필요로 하는 다른 질병의 환자들은 여전히 경제적 부담을 느낄 수밖에 없습니다. 이경식 교수는 호스피스가 활성화되는 데에는 선진국처럼 국가의 지원이 절대적이라며 누구나 호스피스의 혜택을 받을 수 있도록 국가 차원에서 보다 많은 관심과 노력이 이루어져야 한다고 강조했습니다.

국가의 지원 부족으로 호스피스를 하는 데 어려움도 있습니다. 거기에 죽음은 삶의 일부분이며 인간답고 아름답게 마무리되어야 한다는 사람들의 인식 부재도 호스피스를 하는 데 큰 어려움으로 작용

했습니다. 실제로 2012년 보건복지부가 발표한 '생명 나눔 인식도 조사'를 보면 응답자 1,000명 중 79.2퍼센트가 죽음에 대해 공개적으로 이야기를 나누거나 생각하지 않는다고 답할 정도로 우리나라 사람들은 죽음을 금기시합니다. 왜냐하면 죽음은 회피하고 싶고 극복해야 할 대상이지 자연스럽게 받아들여야 할 삶의 일부가 아니기 때문입니다. 이런 이유로 많은 사람들이 죽음을 생각하면 두려움을 느끼고 더 이상 치료를 해도 살 가망이 없는 데도 목숨을 연명하는 치료에 매달려 고통 속에서 생을 마감하고 있습니다.

많은 사람들이 죽음을 삶의 완성으로 받아들이지 않고 싸우고 극복하는 데 열중합니다. 그러다 보니 사랑하는 사람들과 함께 자신의 인생을 정리할 시간도 없이 불행하게 세상을 떠나고 있습니다. 따라서 이경식 교수는 죽음을 싸우고 극복해야 할 존재가 아닌 삶의 일부, 삶의 완성이라는 인식을 가지는 노력이 필요하다고 합니다. 또 호스피스는 환자들과 가족들이 이러한 인식을 갖도록 도움으로써 환자 스스로 자신의 삶의 주인이 되어 마지막 순간을 존엄하게 마무리할 수 있도록 돕는 역할을 한다고 했습니다.

그런데 처음 호스피스를 할 때 환자들의 거부감은 없을까요? 이경식 교수는 호스피스를 하는 사람들은 '이타적인 사랑'으로 환자를 돌보기 때문에 인간관계뿐만 아니라 죽음에 대한 생각도 놀라울 정도로 빠르게 긍정적으로 변한다고 합니다. 그렇다면 이타적인 사랑이란 무엇일까요? 이에 대해 이경식 교수는 이렇게 설명했습니다.

> "이타적인 사랑은 내 중심의 사랑이 아닙니다.
> 내 중심의 사랑도 하나의 사랑이라고 할 수 있지만
> 이타적인 사랑은 내가 하기 좋아서 해주는 것이 아니라
> 내 뜻과 다를 때에도 베푸는 사랑으로,
> 인간관계는 물론 죽음조차도 긍정적으로 받아들이게 만들지요."

그러면서 이경식 교수는 이에 대한 재미있는 일화를 들려주었습니다. 이경식 교수는 아들이 고등학생이었던 시절, 우연히 집에 가는 길에 새로운 양식집이 개업한 것을 보았습니다. 분위기도 좋아 보이고 음식도 맛있을 것 같아 '우리 아들하고 저기서 한 번 식사를 해야겠구나!' 생각하고 아들에게 먼저 외식을 제안했다고 합니다. 마음속에는 이미 어디에서 식사를 할지 정해놓고서 말이지요.

그런데 아들에게 무엇이 먹고 싶으냐고 물으니, 짜장면이 먹고 싶다고 대답했답니다. 양식집으로 가자는 말을 하고 싶은 마음이 굴뚝같았지만 꾹 참고 짜장면을 함께 먹었다고 합니다. 그런데 식사를 하며 아들이 그에게 마음에 있는 속내를 털어놓았다고 합니다.

"우리 아이가 별로 속마음을 털어놓지 않았는데,

그날따라 아빠처럼 봉사하는 사람, 사회에 도움이 되는

삶을 살고 싶다고 얘기를 하더라고요.

그래서 저도 고등학교 때 산책을 하면서 불쌍하고 병든 사람들을

도와주는 의사가 되어야겠다는 결심을 했다고 말해주었지요.

그러다 문득 그날 왜 아늘이 마음을 열고 자기 생각을 말했는지

생각해봤어요. '아, 내가 하기 싫지만 아이가 원하는 걸 들어주니

이런 변화가 생겼구나!'라는 사실을 깨닫게 되었어요.

인간관계는 아주 간단합니다.

상대방이 원하는 것을 해주면 돼요.

인간은 어디까지나 이기적인 존재이기 때문에

내가 하기 싫어도 상대가 원하는 것을 해주는 이타적인 사랑이

진짜 사랑이고, 이 사랑은 모든 것을 긍정적으로 변화시키지요.

죽음까지도 말입니다."

호스피스의 이타적 사랑은 환자와 그 가족들이 갖는 죽음에 대한 인식뿐만 아니라 그들의 관계도 기적적으로 변화시킨다고 합니다. 평생 갈등하고 소원했던 부부 사이도 호스피스를 하고 죽음을 대하는 자세가 달라지면 내 인생에 가장 큰 선물이자 은인은 다름 아닌 배우자였음을 깨닫게 된다고 합니다. 서로 손을 잡고 눈물을 흘리며 용서를 구하는 것은 물론 평생 단 한 번도 하지 않았던 사랑한다는

말을 어렵지 않게 한다고 합니다. 죽음이 은혜로운 시간이 되는 순간이지요.

"죽음보다 강력한 힘은 없습니다. 인간 전체를 흔들어 한순간에
무(無)의 상태, 즉 빈 마음을 만들어버리지요.
죽음은 신체적, 정신적, 사회적, 영적인 모든 것을 하나도
남김없이 무너뜨리기 때문에 인생의 본질은
'공수래 공수거(空手來 空手去)', 즉 빈손으로 왔다가
빈손으로 죽어간다는 것을 깨닫게 합니다.
내 것은 하나도 없고 삶의 모든 것은 주어지는 것이며,
'사랑의 선물'로 받은 것이라는 진리를 체험하게 되는 것이지요.
그렇게 내 삶의 모든 것이 선물이라는 것을 깨닫게 되면
삶의 모든 것에 대해 감사하게 됩니다.
그러니 어떻게 모든 것이 긍정적으로 변하지 않겠습니까?"

죽음에 대해 생각해보면 삶의 모든 것이 사랑의 선물임을 깨닫게
됩니다. 사람들은 지난 삶을 되돌아보면서 '얼마나 많은 돈을 벌고
명예로운 삶을 살았는가'가 아니라 '진정으로 사랑하는 삶을 살았는
가?'를 스스로 묻고 후회한다고 합니다. 호스피스는 이런 사람들에게
남은 인생에선 사랑의 삶을 살도록 도와주며 환자가 사랑과 기쁨이

충만한 상태에서 죽음을 준비할 수 있도록 인도하는 역할을 합니다.

품위 있는 죽음, 그 행복의 길

행복한 인생을 살기 위해서는 주어진 삶을 잘 사는 '웰빙(well-being)'
도 중요하지만 그에 못지않게 '품위 있는 죽음', 즉 '웰다잉(well-dying)'
도 중요하다고 말하는 이경식 교수. 따라서 웰다잉하기 위해서는 젊
어서부터 삶과 죽음이 하나라는 인식을 갖고 평상시에 '빈 마음' 연
습 또는 죽음 연습을 해야 한다고 말합니다. 그래야 죽음의 두려움
에서 벗어나 아름답고 존엄한 죽음을 맞이할 수 있다면서 말이지요.
아울러 이경식 교수는 웰다잉을 하는 데 도움이 되는 방법을 간략하
게 소개했습니다.

1. '호스피스 체험'으로 죽음과 친해지고, 죽음을 삶의 완성으로
   받아들이고 아름답게 삶을 마무리하는 환자들에게
   죽음 준비 배우기
2. '빈 마음' 체험하기
3. 삶의 모든 것이 '사랑의 선물'임을 체험하기
4. 모든 것에 '감사'하기
5. 나의 삶을 선물로 주기, 즉 '사랑의 실천'을 시작하기

독일의 실존 철학자 마르틴 하이데거는 자신의 대표적인 저서 《존재와 시간》에서 이렇게 서술했습니다.

"사람은 다른 사람을 대신해서 죽을 수는 있지만
그 누구도 다른 사람의 죽음을 대신 떠맡을 수는 없다.
누가 자기를 위해서 죽는다고 해서
자신의 죽음이 결정적으로 제거되었다는 것을
결코 의미하지 않는다는 얘기다.
인간은 항상 각자 자기 자신의 죽음을
스스로 떠맡지 않으면 안 된다."

다시 말해 죽음은 그 어떤 인간도 피해갈 수 없는 존재라는 얘기입니다. 따라서 나이가 많든 적든 죽음을 회피하고 극복하려고 하기보다는 삶의 일부분으로 받아들이고 마지막 삶의 순간을 존엄하게 마무리하려는 노력이 필요하며, 이러한 노력이 이루어질 때 진정으로 인생이 의미 있고 행복으로 충만할 수 있다고 이경식 교수는 말했습니다.

덧붙여 이 모든 것은 자신 스스로 터득한 것이 아니라 환자를 통해 배운 것이기 때문에 모든 사람들, 특히 나이 든 사람들이 호스피스 체험을 하는 것은 매우 유익한 일이라고 말했습니다. 호스피스 체험은 환자로부터 인생이 무엇인지, 죽음이 무엇인지, 부부가 무엇인지, 자녀가 무엇인지 등 삶의 모든 것을 터득하게 만들어 아름답고 품위 있게 죽음을 맞이할 수 있는 마음을 가지게 하니까요.

대표적인 고대 로마의 철학자 에픽테토스는 "죽음이란 전혀 두려운 것이 아니다. 참으로 죽음에 관하여 두려운 것이 있다면 죽음이 두렵다고 생각하는 인간의 생각일 뿐이다"라고 말했습니다. 이경식 교

수는 웰다잉하기 위해서는 바로 이러한 인식을 가지고 그 생각을 긍정적으로 변화시키는 노력이 가장 중요하다고 강조합니다.

호스피스는 곧 그 생각을 변화시키는 작업이기 때문에 죽는 그 순간까지 호스피스를 계속해 나갈 것이라고 말했습니다. 자신에게 그보다 가치 있고 행복한 삶은 없기 때문입니다.

3부

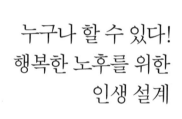

누구나 할 수 있다!
행복한 노후를 위한
인생 설계

인생 후반전,
내가 선택하고 사는
것이다

미국 하버드 대학교 쇼쉐너 주버프 경영대학원 교수가 이런 말을 했습니다.

"인생 전반부가 강요받은 것이었다면
후반부는 스스로 선택하는 것이다."

인생 후반부는 다릅니다. 지나온 날들처럼 주위의 시선이나 평판에 연연하고 자신의 삶을 수동적으로 살게 되면 풍요롭고 행복한 인생을 보장받기 어렵습니다. 인생 후반부는 자신을 구속하던 모든 것으로부터 벗어나 자유로운 몸이 되기 때문에 이 시간을 잘 활용하지 못하면 삶이 고통스러워질 수 있습니다. 인생 후반부는 내 삶을 내 마음대로 디자인할 수 있는 시기인 만큼 자기주도적인 자세로 자신의 인생을 계획하고 개척해야 합니다.

2부에서 만난 사람들은 바로 그 주인공들입니다. 그들을 선택받은 사람, 행운아라고 생각할 수도 있지만 그들은 결코 특별한 사람들이 아닙니다. 우리와 크게 다를 게 없는 사람들이지요. 딱 한 가지 다른 점이 있다면 남들이 여생을 그냥 흘려보낼 때 그들은 자기주도적인 자세로 후반 인생을, 그리고 열과 성을 다해 자신의 삶에 최선을 다했다는 것입니다.

그러므로 아직 후반 인생에 대한 아무런 계획을 세우지 못했다면 지금부터라도 계획을 세워나가십시오. '관리'를 해야 할 정도로 우리네 인생이 길어졌으니 이에 대한 계획을 꼼꼼히 세우고 충실하게 살아가지 않으면 수많은 전문가들이 경고하듯 오래 사는 삶이 '재앙'이 될 수 있습니다. 특히 인생 후반부, 좀 더 엄밀히 말하면 윌리엄 새들러의 인생주기에서 '제3기 인생(중년기, 40세 이후부터 70대 중후반까지)'이 크게 늘어나서 이 시기에 대한 계획이 중요합니다. '평균 수명의 연장'은 곧 '제3기 인생의 연장(중년기)'과 같은 의미이므로 이 시기에 대한 계획을 잘 세워야 인생 후반전을 풍요롭고 행복하게 보낼 수 있습니다.

단, 이때 절대 잊지 말아야 할 것이 있습니다. 그 누구도 아닌 자기 스스로의 힘으로 후반 인생을 계획해야 한다는 것입니다.

즉, 후반 인생을 설계할 때는 무엇보다도 자기주도적인 자세가 중요합니다. 주위에서 뭐라고 하든, 어떤 시선으로 바라보든 '내 갈 길을 가련다'라는 강한 소신과 믿음을 가지고 후반 인생을 계획하고 살아야 행복한 인생 후반부를 기대할 수 있습니다. 너무 늦지 않았느냐고요? 물론 후반 인생을 한 살이라도 어릴 때 계획하면 계획할수록 좋겠지요. 그러나 지금부터라도 후반 인생에 대한 계획을 세우는 것이 아무런 준비를 하지 않는 것보다 장수가 축복이 될 가능성이 높습니다.

3부는 자기주도적인 자세로 인생 후반부를 설계하고 살아가고자 하는 사람들에게 실질적인 도움을 주고자 마련한 장입니다. 완벽하지도, 충분하지도 않지만 이 장에 담긴 내용을 참고하여 후반 인생을 설계하고 열심히 살아간다면 정신적으로도 물질적으로도 행복한 후반 인생에 보다 가까이 다가갈 수 있을 것이라 생각합니다.

기나긴 후반 인생,
돈보다 일이다

평균 수명이 길지 않았던 시절에는 노후 준비, 노후 설계라는 말을 낯설게 느끼는 사람들이 많았습니다. 그래서 누군가 노후 준비를 해야 한다고 하면 "지금 당장 먹고 죽을 돈도 없는데 무슨 노후 준비냐?"며 시큰둥한 반응을 보였습니다. 그러나 평균 수명이 크게 늘어나고, 그로 인해 여기저기서 노후 준비의 중요성이 언급되면서 후반 인생에 대한 준비를 해야 한다는 인식이 점점 강해지고 있습니다.

보건복지부의 자료를 보면 우리나라 성인의 약 85퍼센트는 노후 준비 필요성을 인식하고 있음에도 불구하고, 실제 20세 이상 성인 중 74.7퍼센트는 은퇴 준비가 부족한 것으로 조사되고 있습니다. 즉,

우리 국민은 노후 준비의 필요성을 많이 느끼면서도 실질적으로 이에 대한 대비는 잘하지 못하는 실정이라는 사실을 보여주는 단적인 예입니다.

돈이 많을수록 노후가 행복할까?

무엇보다 우리나라 사람들은 노후 준비를 얘기할 때 노후 자금, 즉 돈을 노후 준비의 '모든 것'이라고 여기는 경향이 강합니다. 줄곧 사람들은 '재테크=노후 준비의 전부'라고 생각합니다. 돈이 행복한 후반 인생을 보장하는 절대적인 조건이라고 여기는 것이지요.

실제로 여러 연구 결과에 따르면 우리나라 사람들은 노후 준비를 위해 그 어떤 것보다 경제적인 부분에 많은 신경을 쓰고, 그 준비율도 다른 영역에 비해 상대적으로 높은 것으로 나타났습니다. 물론 돈은 행복한 후반 인생을 위해 꼭 필요한 존재입니다. 이 사실은 그 누구도 부정할 수가 없지요.

하지만 돈만 있으면 정말 노후가 행복할까요? '돈이면 다 된다'는 물질만능주의적인 생각에 사로잡혀 돈만 있으면 행복한 노후는 저절로 따라오는 것이라고 생각하는 경우가 많은데, 현실은 그렇지 않습니다. 특히 수명이 점점 연장되면서 돈은 행복한 노후를 보장하는 조건으로서의 영향력을 점점 잃어가고 있습니다.

　실제로 경기대학교 엄길청 교수는 한 방송 프로그램에 출연해 100세 장수시대를 목전에 둔 지금, 노후를 행복하게 보내는 데 있어 이제 '얼마나 돈이 많은가?'는 큰 의미가 없다고 말했습니다. 평균 수명이 늘어나고 불안정한 고용환경으로 퇴직 후 길게는 50년, 짧게는 30년 이상을 더 살게 되면서 현실적으로 젊었을 때 그 긴 시간을 살아낼 돈을 모으기도 힘들뿐더러 설령 노후자금을 넉넉하게 모았다고 해도 그 오랜 시간을 무엇을 하며 보낼 것인지에 대한 문제가 남는다는 것입니다. 취미생활을 하고 여행을 다니는 것도 하루 이틀입니다. 30~50년이라는 시간은 놀고 또 놀아도 주체하지 못할 정도로 기나긴 시간입니다. 이 엄청난 시간을 행복하게 보내려면 돈보다 더 중요한 것을 준비해야 합니다. 그것이 무엇일까요?

　엄길청 교수는 그 답을 이탈리아의 북부 도시, '비첸차'에서 찾았습니다. 비첸차는 밀라노와 베네치아 사이에 위치해 있는 작은 도시로, 한 조각의 금도 나오지 않는 곳이지만 금 세공기술로 세계적으로 정평이 나 있는 '금 제조의 메카'입니다. 이탈리아 전체의 3분의 1에 해당하는 금 장신구를 수출하고 있고, 최근에는 명품 가죽 핸드백 생산 도시로 주목을 받고 있지요.

　비첸차의 실업률은 2퍼센트에 지나지 않습니다. 2013년 기준

12.2퍼센트에 달하는 이탈리아 전체 실업률에 비하면 매우 낮은 수치이지요. 때문에 비첸차 사람들은 노후의 재정 상태가 매우 양호하며, 신체적·정신적으로 건강합니다. 지속적인 경제활동이 비첸차 사람들의 행복한 노후를 보장하는 결정적인 요소인 셈이지요. 바로 엄길청 교수는 길고 긴 인생에서 행복한 노후를 위해 우리가 무엇보다 먼저 준비해야 하는 것이 비첸차 사람들처럼 '나이가 들어도 꾸준히 할 수 있는 일'이라고 강조했습니다. 즉, 평균 수명 100세 시대를 행복하게 살기 위한 가장 중요한 조건은 '평생 현역'이라는 얘기이지요. 엄길청 교수뿐만 아니라 수많은 전문가들, 또 우리가 2부에서 만난 사람들도 진정으로 행복한 노후는 평생 현역으로 사는 것이며, 돈이 있어도 일하지 않는 노후는 불행하다고 한목소리로 말하고 있습니다.

세계적인 심리학자이자 의사인 프로이트는 인간에게 가장 중요한 두 가지는 '일하는 것'과 '사랑하는 것'이라고 말했습니다. 그만큼 일은 생계수단으로서의 의미를 넘어 삶에 의미를 부여하고 자신의 존재 가치를 확인시켜주는 중요한 요소라는 얘기이지요. 실제로 많은 사람들이 퇴직 후 당장 할 일이 사라지면 자아존중감이 떨어져 자신을 아무짝에도 쓸모없는 사회적 잉여인간으로 여기며 움츠러듭니다. 특히 직장을 자기 인생의 모든 것으로 생각하며 일에만 전념

했던 사람들은 더욱더 자기 존재의 가치를 찾지 못하지요. 반면 소소하더라도 자기에게 의미 있는 일을 하는 사람들은 자신의 존재 가치를 확인하게 되어 자아존중감이 높을 뿐만 아니라 자기 삶에 대한 만족도도 높습니다.

실제로 여러 연구에 따르면 어떤 형태로든 일을 하는 노인이 그렇지 않은 노인들보다 자신의 삶에 대해 더 많은 행복감을 느낀다고 합니다. 노후에 일자리는 단순히 재정적인 효과뿐만 아니라 사회관계 개선, 건강증진 등 노후에 겪을 수 있는 어려움을 '복합처방'할 수 있는 최고의 방법이기 때문입니다.

한국노인인력개발원과 보건사회연구원의 연구를 보면 노인일자리사업에 참여한 뒤 재정에 도움이 되고 대인관계가 좋아졌다는 결과를 확인할 수 있습니다. 보건복지부와 서울대학교 산학협력단의 자료에서는 의료비 절감 효과가 나타났습니다. 따라서 이제 '은퇴'라는 말보다 '평생 현역'이라는 패러다임으로 살아야 합니다. 특히 퇴직 후 길게는 50년을 더 살아야 하는 100세 장수시대에는 더욱 그렇습니다. 재정적인 안정뿐만 아니라 자아실현과 삶의 의미를 추구하기 위해서 은퇴하지 않고 평생 현역으로 살아야 하며, 그래야만 100세 장수시대에 행복한 노후를 기대할 수 있습니다.

과거의 화려했던 명함은 찢어라

그렇다면 평생 현역으로 살려면 어떻게 해야 할까요?

첫째는 일에 대한 개념을 재정립할 필요가 있습니다. 보통 '돈을 벌기 위해 직업을 갖는 것'을 일이라고 생각하는데, 후반 인생에서는 이러한 생각을 바꾸어야 합니다. 단순히 수입의 확보를 위해 직업을 갖는 것이 아니라 수입이 없거나 적어도 가장 자신에게 맞는 일, 진정으로 하고 싶은 일, 삶의 의미와 보람을 느끼게 하는 일, 사회에 공헌하는 일도 '일'로 봐야 합니다. 다시 말해 돈이 되지 않더라도 삶을 풍성하게 해주는 일도 하나의 일로 보는 자세가 필요하다는 얘기입니다.

만약 돈이 되는 일만 일이라는 편협한 사고에 갇혀 버리게 되면 일을 찾을 수 있는 범위가 좁아져 기나긴 후반 인생을 하는 일 없이 무료하게 보낼 가능성이 높아집니다. 물론 당장 입에 풀칠하기도 힘들 정도로 경제적으로 어려운 사람들에게는 돈이 되는 일을 최우선으로 하는 것이 바람직합니다. 그러나 충분하지는 않지만 어느 정도 노후자금을 준비한 사람들의 경우에는 자신의 삶을 풍성하게 만들어주는 활동들을 모두 일로 받아들이고 '내 사전에는 은퇴란 없다'라는 마음으로 어떤 일이든 손에서 놓지 않아야 행복하고 풍요로운 후반 인생을 기대할 수 있습니다.

둘째는 과거에 대한 모든 것을 내려놓아야 합니다. 현역 시절이 화려한 사람일수록 퇴직 후 명함에 '전(前)'이라고 표시된 과거 직함을 써넣는 경우가 많다고 합니다. 왕년에 잘나갔던 사람이니 알아봐주고 대접해달라는 뜻이지요. 그러나 2부에서 만난 사람들도 언급했듯이 평생 현역으로 행복한 후반 인생을 보내려면 가장 먼저 버려야 할 것이 과거에 대한 집착입니다. 이를 버리지 못하면 단 한 발자국도 앞으로 나아갈 수 없습니다.

왕년에 내가 무슨 학교를 나왔고, 무슨 회사를 다녔으며, 어느 직위까지 올라갔는지가 다 무슨 소용이 있습니까? 예전에 잘나가던 시절만 생각하며 집에서 뒹굴뒹굴한다면 오래 산들 무슨 의미가 있겠습니까? 물론 자존심도 상하고 남의 눈도 의식이 되겠지요? 그러나 과거의 모든 것을 잊고 버려야 새로운 제2의 인생을 성공적으로 개척할 수 있습니다. 그럼에도 과거에 대한 집착을 버리지 못하겠다고요? 그렇다면 이런 생각을 해보는 것은 어떨까요?

"이미 지나가버린 과거를 잃는 대신
행복한 새로운 인생을 얻는다."

셋째는 모든 일을 존중하는 마음이 필요합니다. 지금은 젊은 세대들도 취업하기 어려운 세상입니다. 이전과 똑같은 일을 하고, 같은 수준의 수입을 얻으려는 마음을 가져서는 재취업에 성공하기가 어렵습니다. 따라서 현역 시절과 같은 수준의 일자리를 구할 수 있다면 더 없이 좋겠지만 현실적으로 많은 어려움이 따르게 됩니다. 사회적 기준으로 봤을 때 전직보다 못하다는 평가를 받는 일자리에 도전하는 것이 훨씬 유리합니다.

물론 과거에는 눈여겨보지 않았던 일을 해야 하는 자신이 한없이 초라해 보이고 자존심이 상할지도 모릅니다. 그러나 100세 장수시대에 평생 현역으로 행복한 노후를 보내려면 그 자존심마저도 내려놓을 줄 아는 마음가짐이 필요합니다. 일에 귀천이 있다는 생각은 그저 편견에 불과합니다. 일에는 귀하고 천한 것이 없으며 자신이 어떤 일을 하든 자부심과 존중을 보낼 수 있는 마음가짐을 가질 때 그만큼 일하는 것이 즐겁고, 내가 할 수 있는 일이 더 많아집니다.

넷째는 자신이 잘할 수 있는 전문 분야, 주특기가 있어야 합니다. 퇴직 후 재취업을 원하는 사람들을 채용하려는 회사에서 가장 중요하게 보는 것이 무엇일까요? 얼마나 좋은 대학을 나왔느냐? 과거에 어떤 회사를 다녔느냐? 과거에 얼마나 높은 직위까지 올랐느냐? 모두 아닙니다. '이 사람이 어떤 일을 잘할 수 있느냐?'입니다. 때문에 노후에 일자리를 구하려면 무작정 이력서를 들고 이곳저곳 기웃거릴 것이 아니라 채용시장에 내가 내놓을 수 있는 경쟁력이 무엇인지 진지하게 생각해야 합니다. 그러기 위해서는 우선 지금까지 자신이 무엇을 잘해왔고, 무엇을 잘할 수 있는지를 객관적으로 파악해야 합니다.

그런데 자신의 전문 분야, 주특기를 명확하게 파악하고 있는 사람이 몇이나 될까요? 대부분의 사람들이 자신의 전문 분야, 주특기가 무엇인지 모른 채 살아가며 이를 파악하는 것을 매우 어려워합니다. 이런 경우에는 자신의 전문 분야, 주특기를 파악하는 데 도움이 되는 인·적성검사 도구를 활용하거나 아니면 과거 자신의 성공 경험을 떠올려보세요. 그 경험 속에 자신이 어떤 일을 잘하는지, 어떤 일을 할 때 가장 즐거워하고 성취감을 느끼는지 등에 대한 정보가 들어 있습니다. 또 하나는 평소 주변 사람들로부터 들었던 칭찬을 떠올려보는 것입니다.

"당신은 뭐든 잊어버리는 법이 없어."
"손재주가 대단한걸?"
"사람 사귀는 데 천부적이야."

"왜 이렇게 손맛이 좋아?"

"눈썰미가 보통이 아니네."

"색감이 좋네?"

"참 꼼꼼하다!"

"당신은 판단이 빨라."

자신은 특별하게 잘하는 것이 없다고 말하는 사람들도 이런 소소한 칭찬들을 한두 번은 들어봤을 것입니다. 그런데 자신은 별것 아니라고 생각하며 흘려들었던 이런 작은 칭찬들이 당신이 잘할 수 있는 전문 분야, 주특기가 될 수 있고, 분명한 당신의 강점입니다.

그런데 아무리 생각해도 자기가 잘하는 것이 없다고 판단될 때는 어떻게 해야 할까요? 이런 경우에는 성급하게 일자리를 알아보기보다는 2부에서 만난 박상희 씨처럼 전문 분야, 주특기를 만들 수 있는 교육을 받는 자세가 필요합니다. 박상희 씨는 자신이 젊었을 때와는 달리 대부분의 문서 작업이 워드로 이루어진다는 점을 생각하고 늦은 나이에 워드를 배웠다고 합니다. 덕분에 그 연령대의 어느 누구보다도 워드를 잘 다루게 되었고, 이것이 크나큰 경쟁력이 되어 취업을 하는 데 많은 도움이 되었다고 합니다.

창업을 하는 경우에는 '철저한 준비'가 우선입니다. 재취업이 쉽지 않은 상황에서 창업은 퇴직 후 뭔가 해야 한다는 강박감에 시달리는 사람들의 마음을 강하게 유혹하는 존재이지만 불안하고 초조한 마음에 섣불리 창업을 했다가는 기나긴 후반 인생을 불행하게 보낼 수 있습니다. 나이도 젊지 않고 소득을 창출하기 어려운 시기에 시작하는 만큼 치밀하게 준비하고 계획하는 것이 바람직합니다.

우선 창업에 성공하려면 '근거 없는 자신감'을 버려야 합니다. 창업을 하는 대부분의 사람들이 '나는 절대 망하지 않는다'는 막연한 자신감을 갖습니다. 10명이 창업을 하면 7~8명이 폐업을 하는 상황인데도 말이지요. 이러한 막연한 자신감은 준비 없는 창업을 부추기는 요인이 되므로 자신은 절대 망하지 않는다는 근거 없는 자신감을 버리고 충분한 시간을 두고 창업에 필요한 준비들을 하나씩 하나씩 철저하게 준비하십시오.

창업에 성공하기 위해서는 철저한 시장조사도 필수입니다. 그러려면 전문가와의 상담은 물론 다양한 창업 지원 프로그램을 알아볼 필요가 있습니다. 무엇보다도 자신이 창업하고 싶은 업종이 있으면 멀리서 구경만 하지 말고 아르바이트를 하든, 종업원으로 취직을 하든 적어도 1년 이상 그 업종을 체험하고 경험을 쌓는 것이 바람직합니다. 뿐만 아니라 자신이 사업체를 운영하는 만큼 기본적인 회계지식을 갖추는 것이 좋고, 프랜차이즈처럼 본사로부터 도움을 받는 창업을 하더라도 너무 본사만 믿지 말고 직접 발로 뛰며 눈으로 확인을 해야 합니다.

우리나라 자영업자의 비율은 무려 30퍼센트라고 합니다. 그만큼 퇴직자들이 재취업하기에 우리나라 노동시장의 상황이 녹록지 않다는 의미겠지요. 때문에 창업은 퇴직 후 무엇을 할지 고민하는 사람들에게 매력적인 존재로 다가올 수 있으나 준비 없이 뛰어들었다가는 자신뿐만 아니라 사랑하는 가족들을 불행하게 만들 수 있으므로 신중, 또 신중을 기해야 합니다. 특히 자신의 전 재산을 가지고 창업을 준비하는 사람들은 한 번의 창업 실패가 빈곤층으로 전락하게 만드는 결과를 초래할 수 있으므로 아무리 불안하고 조급한 마음이 들더라도 준비시간을 충분히 가지십시오.

2부에서 만난 연세대 철학과 김형석 명예교수는 1985년 9월 연세대를 정년퇴임할 때 이런 말을 했다고 합니다.

"이제 대학을 졸업했으니 지금부터 사회 일을 시작할 것입니다."

그리고 그는 이 말대로 96세가 된 지금까지 활발하게 일하고 있습니다. 평균 수명의 연장으로 퇴직 후 길게는 50여 년을 살아야 하는 100세 장수시대를 목전에 둔 지금, 김형석 교수와 같이 은퇴 없이 평생 현역으로 살겠다는 마음가짐은 이제 필수가 되었습니다. 따라서 돈까지 많이 벌 수 있다면 더 없이 좋겠지만 큰돈이 되지 않더라도 힘이 닿는 데까지 하겠다는 마음가짐으로 일을 하십시오. 그래야 후반 인생이 행복해지고 풍성해집니다.

노후 준비자금 10억은
뜬 구름 잡는 얘기다

노후의 모습은 제각각이지만 비참한 노후는 공통적으로 경제적 가난에 그 뿌리를 두고 있습니다. 따라서 돈이 노후 준비의 모든 것은 아니지만 이런 비극적인 상황과 맞닥뜨리지 않기 위해서는 '적정 수준'의 노후자금을 준비하는 것은 필수입니다. 그런데 여기서 '적정 수준'이란 얼마의 돈을 얘기할까요?

많은 사람들이 경제적으로 평안한 노후를 보내려면 노후자금으로 금융자산 10억 원은 있어야 한다고 생각합니다. 언제부터인가 여기저기서 금융자산 10억 원은 있어야 여유로운 노후를 보낼 수 있다고 강조하니 마치 10억 원이 노후자금의 정답인 것처럼 인식하게 된 것이지요. 그런데 노후자금으로 이 돈을 마련할 수 있는 사람이 몇이나 있을까요? 웬만한 사람들은 엄두도 내기 힘든 액수가 10억 원입니다. 예를 들어, 매달 급여로 300만 원을 받는 사람이 거의 30년을 단 한 푼도 쓰지 않고 고스란히 저축해야 마련할 수 있는 어마어마한 돈입니다.

그런데 누군가가 100퍼센트 도와주지 않는 이상 월급을 한 푼도 쓰지 않고 살 수 있는 사람이 얼마나 될까요? 돈 쓰기로 인색한 천하의 자린고비가 와도 월급을 한 푼도 쓰지 않고 저축한다는 것은 현실적으로 불가능합니다. 대부분의 사람들은 그보다 훨씬 못 미치는 노후자금을 마련하지요.

서울대학교 노화고령사회연구소가 발표한 '제3차 한국 베이비부머 패널 연구 보고서'에 따르면 국내 베이비부머의 평균 자산은 3억 4,236만원입니다. 불과 6.1퍼센트만이 은퇴자금을 충분히 마련했다고 답한 실정이니, 퇴직을 목전에 앞둔 베이비부머들에게 노후 자금 10억 원은 그야말로 꿈같은 얘기라 할 수 있습니다.

상황이 이러한 데도 금융회사나 매스컴에서는 후반 인생을 잘 살려면 10억 원은 있어야 한다고 얘기하니 이를 받아들이는 사람들 입장에서는 좌절감과 공포감을 느끼지 않을 수밖에 없고, 무리하게 재테크를 해서라도 이 돈을 마련해야겠다는 유혹에 사로잡히지 않을 수 없습니다.

실제로 노후자금 10억 원을 마련해야 한다는 압박감과 불안감에 무리하게 재테크를 감행했다가 그나마 있는 돈마저 날리는 사람들이 비일비재합니다. 그러나 잘 알다시피 단기간에 큰돈을 벌 수 있는 투자가 위험하지 않을 리 없고, 세상에 눈 먼 돈이 어디 있습니까? 단기간에 고수익을 얻을 수 있는 투자는 그만큼 위험이 따르고, 한 번에 큰돈을 벌 수 있다고 유혹하는 경우는 사기일 가능성이 높습니다.

따라서 있는 돈마저 날려 경제적으로 힘든 후반 인생을 보내지 않으려면 노후자금 10억 원을 마련해야 한다는 강박관념에서 벗어나야 합니다.

여유로운 노후를 위한 절약과 투자

그렇다면 경제적으로 인간다운 삶을 누리려면 어느 정도의 노후자금을 마련해야 할까요? 천편일률적으로 특정 금액을 적용할 수는 없습니다. 즉, 노후자금에는 정답이 없다는 말이지요. 그 이유는 개인이 어떻게 생활하고, 얼마나 경제력을 가지고 있느냐에 따라 필요한 노후자금이 달라지기 때문입니다.

예를 들어 도시에 사는 A와 시골에 사는 B가 있다고 가정해보겠습니다. A는 도시에 살아서 주거비가 많이 들고, B는 시골에 살기 때문에 주거비가 거의 들지 않습니다. 또한 A는 매달 생활비로 500만 원을 쓰고, B는 100만 원을 씁니다. 이처럼 A와 B는 서로 다른 생활을 하기 때문에 필요한 노후자금이 달라질 수밖에 없습니다. 따라서 '남이 그러니까 나도 그래야 한다'는 식으로 노후자금을 마련하기보다는 자신의 여건과 능력에 맞게 재무 설계를 하여 노후자금을 준비하는 자세가 필요합니다.

또한 현재 노후자금이 넉넉하지 않다고 판단되면 무리하게 돈을 굴리려고 하기보다는 그에 맞게 소비를 줄이는 것이 현명한 태도입니다. 젊었을 때와 달리 노후에는 퇴직으로 인해 수입이 크게 감소하는 데다 수입을 창출할 수 있는 기회도 적습니다. 무리하게 재테크를 통해 부족한 노후자금을 마련하려는 시도는 오히려 안 하느니만 못한 결과를 초래할 수 있습니다.

경제적으로 여유로운 후반 인생을 보내려면 노후자금을 모으는 것만큼 신경 써야 하는 것이 '노후자금을 어떻게 쓸 것인가'이며, 대부분의 재무 관련 전문가들도 경제적으로 노후를 안정적으로 보낼 수 있는 근본 대책은 '근검절약하여 지출을 줄이는 것'이라고 말하고 있습니다.

예를 들어 신용카드는 가급적 급할 때만 사용하고, 어떤 물건을 구매하기 전에는 꼭 이것이 정말 내게 필요한 것인지 다시 한 번 점검해야 합니다. 외식은 줄이고, 큰 주택은 관리비가 많이 들어가므로 규모를 줄이고, 가격이 비싸고 차량 유지비가 많이 드는 자동차 대신 가격도 부담되지 않고 유지비도 적게 드는 자동차를 타고 다니는 등 지출을 줄이는 노력을 하면 경제적으로 안정적인 노후에 한 발짝 더 다가갈 수 있습니다.

그러나 아무리 아껴 쓴다고 해도 근검절약이 노후의 경제적인 문제를 모두 해결할 수는 없습니다. 따라서 지출을 줄이는 노력과 함께 많든 적든 여유자금으로 부족한 노후자금을 충당할 수 있는 투자를 하는 것이 바람직합니다. 그렇다면 노후에 성공적인 투자를 하기 위해서는 어떻게 해야 할까요?

나이가 많든 적든, 금융상품이든 부동산이든 투자에 성공하려면 기본에 충실해야 합니다. 돈 욕심 때문에 기본 원칙에 어긋나는 투자를 했다가는 낭패를 보기 쉽습니다. 고령자들은 가급적 원금 손실 우려가 적은 금융상품에 투자하는 것이 바람직합니다. 그럼에도 불구하고 공격적인 투자를 하고 싶다면 투자 대상을 분산시켜 장기적으로 운용하는 자세가 필요합니다. 하나의 금융상품에 올인하지 않고 분산 투자를 하여 오랜 시간 운용하면 리스크를 최소화할 수 있기 때문입니다.

가령 한 회사의 주식에만 투자를 했다고 가정해보십시오. 그 회사가 잘 굴러가면 별 문제가 없지만 혹 부도라도 나게 되면 내가 보유한 주식은 순식간에 휴지 조각이 됩니다. 반면 두 개 회사의 주식에 나누어 투자하면 두 회사가 한 번에 도산할 가능성은 희박하기 때문에 하루아침에 투자 자금을 날려 버리는 일은 없지요. 투자로 수익을 올리려면 투자 대상을 다양하게 배분할 뿐만 아니라 단기 차익보다는 장기 차익을 노리는 투자 자세가 필요합니다. 한마디로 '쏠림' 대신 '분산'을 선택할 때 공격적인 투자에서 성공할 가능성이 높다는 얘기이지요.

'다 쓰고 죽는다'는 자세로 살아라

자산을 연금화하는 것도 노후를 안정적으로 보낼 수 있는 좋은 방법입니다. 수도권에 거주하는 55세 이상 정년퇴직자 500명을 대상으로 한 조사 결과에 따르면 가계소득 수준이 퇴직 전 평균 321만 원에서 퇴직 후에는 평균 181만 원으로 줄어드는 것으로 나타났습니다. 퇴직 전의 56퍼센트에 지나지 않은 금액인 것이지요. 심지어 조사 대상 중 43퍼센트가 퇴직 후 가계소득이 퇴직 전의 50퍼센트에도 미치지 못한다고 응답해 퇴직 후 얼마나 소득이 감소하는지 짐작할 수 있습니다.

따라서 그만큼 지출을 줄여야 하는데 이게 말처럼 쉽지 않고, 설령 마른 수건에 물기를 짜듯 근검절약을 한다고 해도 생활을 유지하는 데 일정 수준의 금액이 필요하기 때문에 어떤 식으로든 부족한 부분을 충당할 수 있는 방법을 마련해야 합니다. 그 하나가 투자이고, 또 다른 하나가 자산을 연금화하는 것입니다.

자식이라면 껌뻑 죽는 우리나라 부모들은 조금이라도 자식이 편안한 인생을 살기를 바라며 자식에게 남은 재산을 탈탈 털어 도움을 주거나 물려주려는 경향이 강합니다. 힘이 닿는 데까지 자식을 돕고 싶은 것이 세상 모든 부모의 마음이지만 경제적으로 100세 장수시대를 행복하게 보내려면 자식에게 재산을 물려주기보다는 '다 쓰고 죽는다'는 철학을 가지고 살아야 합니다. 그래야 그 누구에게도 기대지 않고 스스로의 힘으로 경제적인 안정을 누릴 수 있으며, 그로 인해 자식도 형편이 어려운 부모를 부양해야 한다는 부담과 고통에서 벗어날 수 있습니다.

즉, 장기적으로 봤을 때 스스로 경제적 안정을 확보하는 것이 자신뿐만 아니라 자식을 위한 길입니다. 평소 자식들에 대한 경제교육에 힘쓰는 한편, 가지고 있는 자산을 연금화하여 부족한 노후자금을 충당하려는 자세를 가지십시오. 그렇다면 어떻게 자산을 연금화해야 할까요?

우선 목돈이 있는 경우에는 '즉시연금'에 가입하는 것이 효과적입니다. 즉시연금이란 목돈을 한꺼번에 맡기고 가입자가 정한 기간 또는 사망할 때까지 일정 금액을 매월 연금처럼 받을 수 있는 상품입니다. 만약 죽을 때까지 연금을 받는 지급 방식을 선택하게 되면 살아 있는 동안 경제적으로 큰 보탬이 될 뿐만 아니라 중간에 해약이 불가능해서 자식을 비롯해 누군가 도움을 요청해도 거절하기 쉽습니다. 무엇보다도 목돈을 손에 쥐고 있을 때와 달리 지출을 통제하기도 용이한 데다 무리하게 거액을 투자하여 크나큰 손실을 볼 수 있는 위험도 방지할 수 있으므로 즉시연금 활용은 안정적인 노후를 위해 효과적인 방법 중 하나라고 할 수 있습니다.

가진 것이라고는 달랑 집 한 채밖에 없는 경우에는 '주택연금(역모기지론)'을 적극 활용하는 것이 바람직합니다. 주택연금은 살고 있는 집을 담보로 소유자 및 배우자가 세상을 떠날 때까지 연금을 지급받는 제도입니다. 현재 살고 있는 집에 그대로 살면서 부족한 생활비를 해결할 수 있을 뿐만 아니라 일반 담보대출에 비해 이자도 싸고, 국가가 지급을 보증하기 때문에 중도에 연금이 나오지 않는 불상사가 발생할 우려도 없습니다.

무엇보다도 부모가 세상을 떠났을 때 담보 주택을 평가한 금액보다 받은 연금액이 많아도 초과한 금액을 가족들에게 청구하지 않습니다. 반대로 그동안 받은 연금 금액이 부동산 가격보다 적을 때는 나머지 금액을 가족들에게 돌려준다는 장점이 있기 때문에 주택연금은 경제적으로 안정된 노후를 꿈꾸는 사람들에게 하나의 좋은 방법이 될 수 있습니다.

주택연금을 수령하는 방식에는 두 가지가 있습니다. 그 하나는 수시 인출 없이 죽을 때까지 매달 일정 금액을 연금으로 받는 '종신 지급 방식'이고, 다른 하나는 대출 한도의 50퍼센트 내에서는 수시 인출을 허용하고 나머지 금액에 대해서는 매달 일정 금액을 연금으로 받는 '종신 혼합 방식'입니다. 따라서 자신의 상황에 맞게 지급 방식을 선택하여 좀 더 여유로운 후반 인생을 보내시기 바랍니다.

자녀 리스크에 대비하라

후반 인생을 여유롭게 보내려면 노후의 삶에 영향을 미치는 리스크에도 대비해야 합니다. 많은 전문가들은 그 리스크를 크게 다섯 가지로 꼽습니다. 첫째는 준비되지 않았는데 오래 사는 경우이고, 둘째는 인플레이션(inflation), 즉 통화량이 팽창하여 돈의 가치가 떨어지고 물가가 지속적으로 상승하여 사람들의 실질소득이 감소하는 현상으로 인해 힘들게 준비한 노후자금의 가치가 떨어지는 경우입니다. 셋째는 가지고 있는 자산이 한쪽으로 쏠려 위험 분산이 되지 않은 경우, 넷째는 질병 등으로 인해 생각보다 생활비가 많은 드는 경우, 다섯째는 준비한 노후자금을 자녀에게 쏟아부어 경제적 곤란을 겪는 경우입니다.

이 중에서 전문가들이 노후생활을 가장 위협하는 리스크로 꼽는 것이 노후자금을 자식에게 과잉 투자하여 정작 자신은 빈곤 상태에 빠지는 경우입니다. 특히 우리나라 부모들은 자식을 맹목적으로 사랑하는 경향이 강해서 자식 리스크는 부모의 노후를 위협하는 주범으로 지목받고 있습니다. 실제로 미래에셋은퇴연구소에서 55세 이상 퇴직자 500명을 대상으로 그들의 생활 실태를 조사한 결과, 응답자의 60퍼센트가 노후 준비를 제대로 못해 퇴직 후 어려움을 겪고 있다고 답했고, 노후 준비를 하지 못한 이유로 응답자의 60퍼센트가 '자녀 교육비' 때문이라고 답했습니다. 자녀 교육에 너무 많은 돈을 투자하는 바람에 정작 자신의 노후자금은 준비하지 못하고 있는 것이 우리나라 가정의 현실인 것이지요.

교육비만 문제가 되는 것이 아닙니다. 우리나라 부모들은 자녀의 교육비는 물론 결혼비용까지 책임져야 한다는 인식을 가지고 있어 이로 인한 리스크가 부모의 노후의 삶의 질을 떨어뜨리는 데 많은 영향을 미치고 있습니다. 최근 신혼부부 1,000명을 대상으로 조사한 평균 결혼 비용을 보면 2억 3,798만 원입니다. 자식이 한 명 이상일 경우 부모가 감당해야 하는 경제적 부담이 얼마나 큰지 짐작할 수 있습니다.

게다가 이 연구 결과는 어디까지나 전국 평균입니다. 따라서 어떤 부모는 이보다 훨씬 더 많은 돈을 자식의 결혼자금으로 사용하고 있다고 볼 수 있으며, 심지어 자식의 사업자금까지 대주는 부모들도 있습니다. 이런 경우 자식의 사업이 잘되면 별 문제가 없지만 부도가 날 경우 그야말로 부모의 노후생활이 파탄 날 수 있습니다. 실제로 경매에 넘어가는 주택의 20퍼센트 정도가 사업을 하는 자식을 뒷바라지하느라 선 빚보증 때문이라고 하니, 우리나라 부모들에게 자식이 얼마나 노후생활을 위협하는 큰 리스크인지 알 수 있습니다.

따라서 노후를 여유롭게 보내려면 자녀 리스크를 줄이는 노력을 간과해서는 결코 안 됩니다. 그러기 위해서는 우선 돈으로 자식을 키우는 것이 전부가 아니라는 인식을 가져야 하며, 무리하게 사교육을 시켜 일류 대학에 보내면 좋은 직장에 취직해 평생 안정적인 삶을 살 것이라는 고정관념도 버려야 합니다.

과거에는 이러한 공식이 통용되었지만 평생직장의 개념이 무너진 지금은 좋은 대학을 졸업하고 좋은 직장에 들어간다고 해서 평생을 보장받을 수가 없습니다. 지금은 학교 다닐 때 공부를 다소 못했더라도 창의력, 도전정신, 문제해결 능력 등을 갖춘 사람이 인정받는 시대로 점점 변하고 있습니다. 과거처럼 무리하게 사교육을 시켜서라도 좋은 대학, 좋은 직장에 들어가는 데만 집착하는 부모의 교육 태도는 변화하는 시대에 전혀 맞지 않는, 보다 성장할 수 있는 자식의 가능성을 오히려 죽이는 잘못된 교육 방식이라고 할 수 있습니다.

또한 많은 돈을 물려주는 것이 곧 자식 사랑이라는 인식도 바꿔야 합니다. 마음이 아프더라도 자녀가 성인이 되면 적절한 거리를 두고 부모가 자녀에게 해줄 수 있는 것과 없는 것의 기준을 분명하게 세워야 합니다.

그러나 무엇보다 가장 좋은 방법은 어릴 때부터 아이들에게 올바른 경제 교육을 시켜 자녀가 성인이 된 후에 스스로 자립할 수 있도록 돕는 것입니다. 자식이 홀로 서려는 의지 없이 지속적으로 부모에게 기대고 도움을 바라는 것은 자식의 문제가 아니라 부모의 잘못된 자녀 교육의 결과라고 할 수 있습니다.

따라서 노후에 자식으로 인해 궁핍한 삶을 살지 않으려면 어릴 때부터 올바른 경제 교육을 시켜 자식의 경제적 자립도를 키워줘야 합니다. 이미 때가 늦었다면 안타깝더라도 소설가 박범신이 자신의 장편소설 《소금》에서 묘사한 '핏줄이라는 이름으로 된 빨대'를 과감하게 뽑아버려야 합니다. 장성한 자식이 부모에게 핏줄이라는 이름으로 된 빨대를 너무도 당연하다는 듯이 지속적으로 들이대는 것은 결코 바람직한 행동이 아니며, 그것을 허락하는 부모의 행동 역시 진정한 사랑이라고 볼 수 없습니다. 이는 부모의 삶도, 자식의 삶도 망가뜨리는 독약 같은 행동이므로 반드시 여유롭고 행복한 인생 2막을 맞이하려면 반드시 그 빨대를 제거해야 합니다.

최고의 노후 대비책, 평생 현역

뭐니 뭐니 해도 노후를 여유롭게 보낼 수 있는 최고의 방법은 은퇴라는 개념 없이 평생 일을 하는 것입니다. 앞서 누누이 얘기했듯 평균 수명이 늘어나 현역에서 물러난 뒤에도 30~40년을 더 살아야 하기 때문에 아주 부유한 몇몇 사람을 제외하고는 일 없이 경제적으로 윤택한 삶을 살기란 쉽지 않습니다. 또한 일은 단순히 돈을 버는 수단을 넘어서 자신의 존재 가치를 확인하고 삶의 의미와 보람을 느끼게 하는 근원이기 때문에 여러모로 풍요로운 노후를 보내려면 결코 일을 손에서 놓아서는 안 됩니다.

또한 일을 하면 퇴직 후 남아도는 시간을 감당하지 못해 생기는 고통을 겪지 않을 수 있고, 여가를 즐기는 비용까지 줄일 수 있어 경제적으로 이중 효과를 거둘 수 있습니다. 뿐만 아니라 일을 하면 노후에 찾아오는 극심한 고독감을 덜 느끼게 되고, 엉뚱한 일을 벌여 사기를 당하거나 거액을 날리는 일도 방지할 수 있어 여러모로 행복한 노후생활을 하는 데 큰 도움이 됩니다. 즉, 노후에 일어나는 상당수의 문제들이 일이 없어 발생하는 것이기 때문에 일을 하면 이 문제들을 해결할 수 있습니다.

많은 사람들이 퇴직 후 유유자적하며 집에서 쉬며 취미생활, 여행을 즐기는 노후를 꿈꿉니다. 그러나 이런 생활도 하루 이틀이고, 휴식은 일에 열중하던 중에 잠시 취하는 것일 때 진정한 의미가 있습니다. 일도 하지 않고 매일 쉬고 노는 것은 휴식이 아니라 무료함, 지겨움, 심지어 고통일 뿐입니다. 실제로 멀쩡한 사람들이 일 없는 노후생활에 무력감과 공허함 등을 견디지 못하고 우울증을 앓거나 자살을 시도하는 경우가 적지 않습니다. 따라서 후반 인생을 행복하게 보내려면 돈이 되든 되지 않든 일자리를 찾는 노력을 해야 합니다.

그러기 위해서는 앞서 언급했듯 화려했던 과거에 연연하지 않는 것은 물론 눈높이를 낮춰 어떤 일이라도 최선을 다하겠다는 자세로 재취업에 도전해야 합니다. 여기에 자신이 잘할 수 있는 전문 분야, 주특기를 갖추는 노력을 하면 재취업에 성공할 확률이 더욱 높아집니다.

또한 현역 시절부터 가장 큰 투자 엔진은 자신의 직업이라는 인식을 가지고 자신이 하는 일에서 최고가 되려는 노력을 하는 것도 은퇴하지 않고 평생을 일할 수 있는 좋은 방법입니다. 자기 분야에서 그 누구와도 대체할 수 없는 존재가 되면 회사에서 나가려 해도 나가지 못하게 붙잡을 뿐만 아니라 퇴직 후에도 일자리를 구하는 것이 훨씬 유리합니다.

더 오래 사는 아내를 배려하라

마지막으로 부부가 죽는 날까지 경제적으로 행복한 노후를 보내려면 나중에 혼자 살 가능성이 높은 아내를 배려한 재무 설계를 해야 합니다. 여성이 남성보다 평균 수명이 7년 정도 길고, 일반적으로 남편의 나이가 아내보다 세 살 정도 많다는 점을 감안할 때, 여성들은 남편이 세상을 떠난 후 10년 정도의 시간을 혼자 살아야 합니다. 때문에 이에 대한 고려를 하지 않고 재무 설계를 하면 남편이 세상을 떠난 후 아내가 경제적으로 크나큰 고통을 당할 수 있습니다.

따라서 아내가 세상을 떠날 때까지 연금을 받을 수 있는 종신형 연금에 가입하는 것은 물론 현재 아내가 국민연금에 가입하지 않았다면 하루라도 빨리 가입시킬 필요가 있습니다. 많은 사람들이 국민연금 기금이 조만간 바닥날 것이고 너무 소액이라 노후에 크게 도움이 되지 않는다고 생각하여 가입을 망설이하거나 회피하는데, 국민연금을 잘 알아보면 그건 기우에 불과하다는 것을 알 수 있습니다. 국민연금은 세금의 성격을 띱니다. 혹시라도 연금 기금이 바닥나더라도 매년 필요한 연금액을 세금으로 걷어 지급할 가능성이 높기에 연금을 받지 못하는 사태가 벌어질 확률이 매우 낮습니다.

아울러 국민연금은 국민이 최소한의 생계를 유지할 수 있도록 돕는 것을 궁극적인 목표로 조성된 기금입니다. 풍요로운 생활을 보장해주지는 못하더라도 최저생계비를 보장해주므로 비참한 노후를 맞이하지 않으려면 가입하는 것이 바람직합니다. 국민연금은 인간다운 삶을 보장해주는 최후의 보루이자 확실한 노후 대비책임을 결코 잊지 마세요.

또한 홀로 남겨질 아내를 위해 남편이 사망할 경우 받을 수 있는 종신보험을 들어두는 것도 좋은 방법입니다. 나이가 들수록 질병에 취약하므로 갑자기 거액의 의료비가 발생하더라도 이 리스크를 커버할 수 있는 의료실비보험을 들어두는 것도 경제적으로 아내의 노후를 보호할 수 있는 효과적인 방법입니다.

후반 인생을 어떻게 보낼 것인지에 대한 기준은 사람마다 다릅니다. 그러나 누구든 자신이 바라는 노후생활을 유지하고 지탱하려면 경제적인 준비 없이는 불가능합니다. 즉, 돈이 노후 준비의 모든 것은 아니지만 돈이 뒷받침되지 않는 노후 설계는 반쪽 설계에 지나지 않으므로 자신의 나이, 소득, 재산 상태, 가족 상황 등을 고려한 재무 설계를 해야 하며, 그래야만 진정으로 행복하고 풍성한 후반 인생을 보낼 수 있습니다.

시간 디자인,
머니 디자인보다
중요하다

지난 2011년, 보건복지부와 한국노인인력개발원, 한국노인종합복지관협회의 공동 주관으로 '8만 시간 디자인 공모전'이 열렸습니다. 공모전은 퇴직 후 자신의 이야기나 미래의 계획을 에세이나 사진 등으로 담아내는 형식입니다. 여기서 중요한 것은 8만 시간입니다. 왜 8만 시간일까요? 만 60세에 은퇴해 만 80세까지 산다고 하면 여생 동안 갖는 여유 시간이 8만 시간이기 때문입니다. 하루 24시간 중 수면과 식사, 목욕과 같은 시간을 뺀 하루 여가 시간은 11시간으로, 이를 365일과 20년을 곱하면 8만 300시간이 나옵니다. 일본 작가 가토 히토시는 저서 《8만 시간의 비밀》에서 이 개념을 언급합니다.

은퇴 후 우리에게 주어지는 8만 시간은 그저 쉬고 즐기기에는 너무도 긴 시간입니다. 이 기나긴 여유시간을 어떻게 보낼 것인지에 대해 진지한 고민이 필요하며, 여유시간에 대한 디자인을 잘할 때 후반 인생이 의미 있고 풍성해질 수 있습니다.

퇴직 후 여유시간을 '잘' 보내기 위해서는 우선 '잘'이라는 의미가 무엇인지 알아야 합니다. 여기서 '잘'은 그저 시간을 때우기 좋은 활동을 하여 여유시간을 소비한다는 개념이 아닙니다. 자신의 뜻대로 선택한 활동을 통해 행복과 기쁨을 느끼는 것은 물론 삶의 의미와 가치를 얻고 자아실현을 하며 성공적인 인생을 보내는 것을 의미합니다. 즉, 퇴직 후 여유시간을 잘 보낸다는 것은 '지금까지와는 전혀 다른 새로운 방식으로 행복하고 보람된 인생을 보내는 것'이라고 볼 수 있습니다. 이런 의미에서 우리나라 사람들은 퇴직 후 여유시간을 그리 잘 보내고 있다고 볼 수 없습니다.

통계청에서는 2003년 이후 매년 노인의날(10월 2일)에 맞추어 고령자 통계를 발표합니다. 2015년 발표에는 고령자의 시간 활용에 대해 상세하게 분석한 점이 눈에 띕니다. 65세 이상 고령자의 여가활동 시간은 7시간 16분이며, 이 중 TV 시청 시간을 포함한 미디어 이용 시간이 4시간 4분에 달합니다. 연령이 높을수록 TV 시청을 더 많이 하고, 여자보다 남자가 TV를 더 많이 본다는 결과가 나왔습니다. 80

세 이상 남자의 경우 하루에 5시간 이상 TV를 시청하는데, 남성이 여성보다 교제활동이 상대적으로 적기 때문으로 보입니다. 종교·문화·스포츠 활동에는 1시간 11분, 게임이나 유흥 등 기타 여가활동에는 47분을 사용하고 교제활동은 51분에 불과합니다. 대부분의 사람들이 노후의 여가시간을 다분히 수동적이고 소극적인 활동을 하며 비효율적으로 보내고 있는 것이지요. 물론 하루 종일 집에서 TV를 보거나 라디오를 듣고, 신문이나 잡지를 보거나 낮잠을 잔다고 해서 아무도 나무랄 사람은 없습니다.

그러나 이렇게 시간을 보내며 하루하루를 사는 것이 무슨 의미와 보람이 있을까요? 이러한 장수가 과연 축복일까요? 정도의 차이만 있을 뿐 그 누구도 이러한 후반 인생을 꿈꾸지는 않을 것입니다. 누구나 활기와 기쁨이 넘치는 후반 인생을 꿈꾸며, 이러한 후반 인생을 만들기 위해서는 능동적이고 적극적인 자세로 여유시간을 활기차고 행복하게 보낼 수 있는 노력을 해야 합니다. 즉, 행복한 노후를 만들기 위해서는 재무관리, 건강관리 등만 할 것이 아니라 여유시간 관리도 해야 하는 것이지요.

봉사활동부터 수영까지, 행복한 노후 시간 디자인

노후의 여유시간을 활기차고 행복하게 보내기 위해서는 이 시간을 유용하고 알차게 보낼 수 있는 여가활동을 적절하게 배치해야 합니다. 그렇다면 나에게 유용하고 알찬 여가활동을 찾기 위해서는 어떻게 해야 할까요?

일단 노후에 적합한 여가활동에 무엇이 있는지 살펴볼 필요가 있습니다. 우리가 잘 모르고 있을 뿐, 세상에는 노후에 즐길 수 있는 여

활동 유형별 노년기 여가의 종류

활동 유형	여가의 종류
휴양활동	휴식, 낮잠, 대화, 삼림욕, 여행, 취침, 요리, 다도
사교활동	여행, 야유회, 소풍, 친목회, 친지 방문
봉사활동	보육원 방문, 양로원 방문, 재활원 방문, 복지관 방문
오락활동	게임, TV 시청, 영화 관람, 놀이공원 방문
교양, 문화활동	연극 관람, 영화 관람, 미술작품 전시장 관람, 음악 감상, 악기 연주, 공작, 수예, 서예, 식물 가꾸기, 독서, 글쓰기, 사진 찍기
스포츠, 신체활동	골프, 테니스, 탁구, 다트, 댄스스포츠, 게이트볼, 낚시, 조깅, 스키, 수영, 수상스키, 산책, 자전거 타기, 등산, 달리기, 줄넘기, 요가, 체조
관광활동	박물관 견학, 고적 및 유적지 방문, 여행, 현장 체험 학습, 야유회, 오지탐험

※참고: 《활기찬 노년을 위한 여가활동》, 김동진, 서울대학교출판부.

가활동도 많고, 그 정보를 얻을 수 있는 방법도 다양합니다. 포털사이트에 주제어만 입력해도 관련 자료를 찾을 수 있고, 여가활동이 생활이 되어 전문가 수준에 이른 사람들의 블로그나 카페 등을 방문해도 유용한 여가정보를 얻을 수 있습니다. 자신이 거주하는 지역의 군청이나 구청 혹은 복지관 홈페이지를 방문해도 다양한 여가정보를 구할 수 있습니다. 왼쪽은 노후에 적합한 여가의 종류를 활동 유형별로 정리한 것입니다.

그렇다면 나에게 맞는 여가활동을 찾으려면 어떻게 해야 할까요? 다음 질문들을 스스로에게 던져보십시오. 그러면 자신에게 맞는 여가활동을 찾는 데 큰 도움이 될 것입니다.

· 왜 여가활동을 하려고 하는가?
· 자신의 성격과 적성에 맞는 여가활동은 무엇인가?
· 하고 싶은 여가활동은 무엇인가?
· 혼자서 하는 여가활동이 좋은가, 여럿이 함께 하는 여가활동이 좋은가?
· 자신의 나이와 건강 상태, 신체적 조건, 경제적 여건에 맞는 여가활동은 무엇인가?
· 활동이 이루어지는 장소와 위치는 어디인가?
· 주어진 시간 내에 실행할 수 있는 활동인가?

이러한 과정을 거쳐 자신에게 맞는 여가활동을 찾았으면 이 활동들을 적절하게 배치하여 구체적으로 실천계획을 세웁니다. 이때 너무 무리하게 계획을 세우면 꾸준하게 오래 지속할 수 없으므로 의욕이 넘치더라도 자신이 충분히 실천할 수 있는 계획을 세워야 합니다. 혹여나 여유시간을 알차고 보람차게 보내기에는 열악한 환경에서 살고 있다 하더라도 행복한 후반 인생을 꿈꾼다면 퇴직 후 시간을 어떻게 보낼 것인지 고민하고 노력해야 합니다. 우리가 여행을 떠날 때 아무런 준비 없이 무작정 떠나는 것보다 미리 계획하고 떠났을 때 그 여행이 훨씬 즐겁고 보람되듯 퇴직 후 여유시간도 구체적으로 계획하고 실천할 때 후반 인생이 더욱 풍성해지고 행복해집니다.

노후행복의 꽃은
'건강'이라는
땅 위에서 핀다

'재산을 잃으면 조금 잃는 것이요, 명예를 잃으면 더 많이 잃는 것이요, 건강을 잃으면 모든 것을 잃는 것이다'라는 말이 있습니다. 나이가 많든 적든 이 말에 수긍하지 않는 사람은 없을 것입니다. 특히 나이가 들수록 건강이 얼마나 중요한지 체감하게 되며, '건강하지 못하면 노후행복은 없다'라고 해도 과언이 아닐 정도로 그 중요성도 커집니다.

나이가 들어 몸이 병들면 내 의지대로 일상생활을 할 수 없는 것은 물론 힘들게 마련한 노후자금을 고스란히 병원비와 요양비로 쓰는 불상사가 발생하기 때문입니다. 이런 일이 발생했을 때 돈이 전혀 아쉬울 게 없는 사람은 큰 타격을 받지 않지만 대부분의 사람들이 경제적으로 큰 어려움을 겪게 됩니다.

그런데 문제는 나이가 들면 몸 안의 모든 장기의 기능이 떨어져 질병에 취약해진다는 사실입니다. 국민건강보험공단과 건강보험심사평가원 자료에 따르면 2014년 65세 이상 노인 1인당 연간 339만 원을 진료비로 쓴 것으로 나타났습니다. 전체 인구의 1인당 진료비 109만 원의 약 3배에 달하는 수치입니다. 나이가 들면 젊었을 적보다 의료비 지출이 많다는 사실을 보여주는 내용입니다.

건강하고 활기찬 노후를 위한 몸 살리기 건강법

건강한 노후를 위해서는 무엇보다도 평소 생활습관이 중요합니다. 건강 관련 전문가들은 인간이 앓는 대다수의 질병이 우리 스스로 몸에 집어넣는 무언가 때문에 발생한다고 말합니다. 즉, 건강은 운명처럼 정해져 있는 것이 아니라 내가 무엇을, 어떻게 하고 살았느냐에 의해 결정된다는 것입니다.

실제로 미국질병예방센터에서 75세 전에 죽은 사람들을 대상으로 어떠한 요인이 사망에 관여했는지 조사했습니다. 그 결과 식생활·흡연·수면·운동 등 생활습관에 의한 요인이 50퍼센트, 대기오염·수질오염 등 환경 요인이 20퍼센트, 유전 요인이 20퍼센트,

적절한 치료를 받지 못해서가 10퍼센트인 것으로 나타났습니다. 그러므로 건강한 노후를 보내려면 무엇보다도 생활습관을 개선하는 노력이 필요합니다.

생활습관 중 건강을 위해 무엇보다 먼저 개선해야 하는 것이 식생활입니다. 의학의 아버지로 불리는 히포크라테스는 '내가 먹는 것이 곧 나다(I am what I eat)'라고 얘기할 정도로 음식의 중요성을 강조했습니다. 내가 먹는 음식물을 통해 내 몸이 이루어지고 가동된다는 점을 생각할 때 이 말은 백 번, 천 번 일리가 있습니다. 실제로 몸에 좋은 음식을 균형 있게 섭취만 해도 거의 모든 질병을 예방할 수 있다고 합니다.

우리 몸에 건강한 음식은 나이가 많든 적든 크게 다를 게 없습니다. 몸에 해로운 패스트푸드, 인스턴트식품 등은 가급적 피하고 곡류, 채소, 과일, 우유, 난류, 콩류, 생선, 해초 등 자연에서 나는 먹거리를 이용한 음식들을 골고루 섭취하면 우리 몸은 쉽게 병들지 않습니다. 즉, 좋은 자재를 써서 집을 지어야 튼튼하듯 우리 몸도 좋은 음식을 먹어야 건강해지고 튼튼해집니다.

건강한 식생활을 위해서는 어떤 음식을 먹느냐도 중요하지만 어떻게 먹느냐도 중요합니다. 아무리 좋은 음식도 지나치게 많이 섭취하면 체내에 지방으로 축적되어 만병의 근원인 비만을 유발할 수 있어 과식을 하는 것은 바람직하지 않습니다. 특히 나이가 들면 기초대사량, 즉 호흡, 혈액순환, 체온 유지 등 생명 유지를 위해 필요한 에너지양과 활동량이 감소하기 때문에 지나치게 많은 칼로리를 섭취하는 것은 금물입니다.

신체 건강을 유지하기 위해서는 모든 영양소를 골고루 섭취하는 것이 중요하지만 그중 지방은 섭취를 자제할 필요가 있습니다. 지방은 체내에 쌓여 비만의 원인이 될 뿐만 아니라 동맥경화를 일으키는 주범인 콜레스테롤, 중성지방을 증가시키는 작용을 하기 때문에 각별히 주의해야 합니다.

또 하나는 염분을 지나치게 섭취하지 않는 것입니다. 나이가 들면 미각이 떨어져 짠맛을 잘 느끼지 못하게 되어 염분을 과다 섭취하기 쉬운데, 인간이 살아가는 데 필요한 염분의 양은 하루에 3그램 정도에 지나지 않습니다. 이보다 많이 섭취하게 되면 고혈압, 뇌출혈, 협심증 등 각종 질병이 발병할 위험이 높아 자제하는 것이 바람직합니다.

운동 효과를 제대로 보려면

건강을 위해 식생활과 더불어 중요한 생활습관이 바로 운동입니다. 운동은 만병통치약이라고 해도 과언이 아닐 정도로 여러모로 우리 몸에 이로운 효과를 가져옵니다. 운동은 젊음을 오랫동안 유지할 수 있도록 도울 뿐만 아니라 신체적 기능이 떨어지는 것을 막아주고, 체력은 물론 근력, 몸의 유연성, 순발력 등을 높여주며, 기억력과 상황 판단력을 향상시키고, 스트레스를 해소하는 데도 많은 도움이 됩니다. 또한 운동을 하면 우울증과 불안장애의 위험이 낮아지고, 육체적·감정적으로 활기를 불어넣어주며, 체중 감소에도 효과적이고, 골다공증을 비롯한 당뇨, 심혈관 질환 등 각종 질병을 예방하는 데도 효과적입니다.

단, 이러한 운동의 효과를 제대로 보려면 '잘'해야 합니다. 특히 나이가 들면 노화로 인해 여러 가지 신체적 변화가 오기 때문에 이를 제대로 고려하지 않고 무작정 운동을 했다가는 안 하느니만 못한 결과를 초래할 수 있습니다. 따라서 '멋진 몸'을 만들기 위한 운동이 아니라 '건강한' 몸을 만들기 위한 운동을 한다는 점을 늘 명심하고 자신의 체력, 건강 상태 등을 고려하여 운동 강도나 운동량, 지속 시간, 운동 빈도 등을 정해야 합니다. 또한 나이가 들면 근육량이 줄어드는 것은 물론 반사신경이 떨어져 사고의 위험성이 높아집니다. 때문에 어떤 운동을 하든 준비운동과 마무리 운동을 충분히 해야 하고, 노화로 뼈가 약해지는 점을 고려해 관절 부위에 무리가 가는 운동은 피하는 것이 좋습니다.

그렇다면 고령자들에게 좋은 운동에는 어떤 것이 있을까요?

일반적으로 고령자들에게는 걷기, 조깅, 수영, 자전거, 등산 등과 같은 저강도 유산소 운동이 좋습니다. 그러나 아무리 강도가 낮은 운동을 하더라도 고령자들은 신체 기능이 떨어지는 만큼 운동 중 사고의 위험을 줄이기 위해서는 처음부터 무리하게 시작하기보다는 운동의 강도나 시간을 단계적으로 천천히 늘리는 것이 바람직합니다.

아울러 노후를 건강하게 보내려면 정기적으로 건강검진을 하는 습관도 필요합니다. 나이가 들면 다양한 질병에 취약해지는 만큼 정기적으로 건강검진을 하여 자신의 건강 상태를 체크하고 병을 방치해 키우는 일이 없도록 해야 합니다. 건강검진만 잘 해도 많은 질병들을 예방하고 발 빠르게 대처할 수 있다는 점, 꼭 기억하세요.

스트레스 다스리기

노후를 건강하게 보내려면 신체 건강도 중요하지만 그에 못지않게 정신 건강도 중요합니다. 따라서 신체 건강만큼 정신 건강에도 많은 관심을 기울여야 하는데, 나이가 많든 적든 인간의 정신 건강을 해치는 주범은 스트레스입니다. 만병의 근원이라고 얘기할 정도로 스트레스는 신체적으로나 정신적으로나 광범위하게 해코지를 하는 존재이기 때문에 스트레스만 잘 관리해도 신체적으로든 정신적으로든 건강한 노후를 보낼 수 있습니다.

원래 스트레스는 우리 몸에 주어진 다양한 자극에 대해 자신을 보호하기 위해 발현하는 지극히 자연스러운 신체적 반응입니다. 따라서 적당한 스트레스는 되레 우리 몸에 이롭습니다. 여러 연구 결과에 따르면 적당한 스트레스는 면역력을 향상시켜 바이러스나 세균의 공격을 막아줄 뿐만 아니라 신체의 회복 속도를 높여주고, 지각력과 기억력을 향상시키며, 심지어 예방주사의 효과를 높인다는 연구 보고도 있습니다.

문제는 스트레스가 과도할 때입니다. 지나친 스트레스는 우리 몸을 통제하고 조절하는 자율신경과 호르몬의 균형을 깨뜨려 신체적·정신적으로 온갖 문제를 일으킵니다. 우선 스트레스가 일으키는 증상들을 살펴보면 신체적으로는 피로, 두통, 불면증, 근육 경직 및 근육통, 가슴 통증, 심계항진(불규칙하거나 빠른 심장 박동이 느껴지는 증상), 구토, 안면홍조, 자주 감기에 걸리는 증상 등이 나타납니다. 정신적으로는 집중력과 기억력 감소, 공허감 등을 보이며, 감정적으로는 불안, 신경과민, 우울증, 분노, 좌절감, 근심, 인내력 부족 등의 증상이 나타납니다. 이렇듯 스트레스는 우리 몸에 광범위하게 이상 증상을 일으켜서 수많은 질병을 유발하는 원인이 됩니다.

스트레스가 원인이 되어 유발하는 병에는 고혈압, 협심증, 심근경색, 위장장애, 과민성 대장장애, 요통, 자율신경 실조증(자율신경계가 잘 조절되지 않아 나타나는 질환), 탈모 등이 있습니다. 특히 우리 몸 중에 스트레스에 취약한 부분이 위와 심장입니다. 이 중에서도 심장은 스트레스에 가장 취약한 부위로, 과도하게 스트레스를 받게 되면 심장 박동이 빨라지고 혈압이 상승하는 것은 물론 이 상태가 계속 이어지면 고혈압, 동맥경화 등으로 진행될 수 있습니다. 이렇듯 스트레스는 그 자체가 병은 아니지만 스트레스로 인해 일어나는 이상 증상과 질병이 워낙 많아 스트레스를 잘 다스리는 것은 곧 건강을 지키는 길입니다.

스트레스를 다스리는 가장 효과적인 방법 중 하나가 운동입니다. 가볍게 땀이 날 정도로 운동하면 스트레스 해소에도 도움이 될 뿐만 아니라 체력이나 근력, 면역력 향상에도 도움이 되기 때문에 건강한 노후를 위해 운동은 필수입니다. 적당한 휴식도 스트레스를 해소하는 데 효과적이며, 어떤 일에 집중하거나 자기계발에 힘쓰는 것도 스트레스를 다스릴 수 있는 좋은 방법입니다.

주위 사람들과 원만한 관계를 유지하고 자신이 먼저 상대방에게 가까이 다가가는 노력도 스트레스를 해소하는 데 도움이 됩니다. 항상 현실에 충실하고, 자신이 감당할 수 있는 이상의 일을 무리하게 시도하지 않는 것도 스트레스 해소에 효과적이며, 해결할 수 없는 일은 그냥 내버려두는 자세도 스트레스를 덜 받는 방법입니다. 이외에도 2부에서 만난 도용복 회장이 예찬했던 명상도 좋습니다. 스트레스를 받았을 때 그 상황에 대해 마음이 진정될 때까지 다양한 관점에서 떠오르는 대로 적어보는 것도 스트레스를 다스릴 수 있는 효과적인 방법입니다.

마음건강도 잊지마세요, 우울증 관리하기

노후의 정신 건강을 위해 우리가 잊지 말고 신경 써야 하는 존재가 우울증입니다. 나이가 들면 우울증에 잘 걸리는데, 그 이유는 뇌세포의 노화로 뇌 세포에서 만들어진 신경화학전달물질과 각종 호르몬의 양이 변화하기 때문입니다. 특히 우울증에 관여하는 신경전달물질이 감소하기 때문에 우울증에 취약해질 수밖에 없지요.

또한 나이가 들면 퇴직 후 일자리 상실, 경제적 안정감 상실, 배우자를 비롯해 사랑하는 사람들의 죽음, 이혼, 신체 기능이나 체력 저하 등 여러 가지 상실을 경험하기 때문에 우울증이 더욱 잘 발생하고, 노화로 인한 성격 변화로 우울증에 잘 걸리기도 합니다. 모든 사람에게 해당되는 얘기는 아니지만 많은 사람들이 나이가 들면 자기 중심적으로 변하고, 자기주장이 강해지고, 몸에 대한 걱정과 의심이 많아지고, 보수적이 되고, 푸념이 늘고, 감정 조절이 잘 되지 않습니다. 이러한 성격은 스트레스에 대응하는 힘을 약화시켜 우울증을 쉽게 유발하는 요인이 되지요.

따라서 노후에 우울증으로 고통스러운 시간을 보내지 않으려면 미리 예방하는 것이 바람직한데, 가장 좋은 방법은 가족, 친척, 친구 등 사람들과 좋은 신뢰관계를 유지하는 것입니다. 이외에도 활발하게 대외활동을 하거나 취미활동을 하는 것도 도움이 되고, 몸이 아프면 그 통증이 우울한 기분을 불러일으키므로 신체 건강관리에도 주의를 기울여야 합니다. 더불어 과도한 음주, 흡연도 우울감과 불쾌감을 일으키는 작용을 하므로 피하는 것이 바람직합니다.

이미 우울증으로 진행이 된 경우에는 혼자 힘으로 해결하려 들지 말고 반드시 주위의 도움을 구하는 자세가 필요합니다. 많은 고령자들이 '이러다가 저절로 사라지겠지', '나이도 먹을 만큼 먹었는데 무슨 치료야?', '정신과에 가면 남들이 날 어떻게 보겠어?'라는 생각을 하며 치료를 주저하거나 외면하는데, 우울증은 본인이 마음을 굳게 먹는다고 해결되는 문제가 아닙니다. 혼자서 이겨내려고 애쓰다가 더 악화되는 경우가 태반이기 때문에 우울증으로 의심되는 증상이 보름 이상 지속되고 주위의 도움에도 그 증상이 사라지지 않는다면

노인 우울증 자가 검진표

지난 1주일 동안 자신의 상태에 대해 잘 생각해보고, 자신의 상태와 가장 일치하는 답에 체크하세요.

문항	응답	점수
1. 나는 내 삶에 대해 진심으로 만족한다.	예/아니요	예: 0점, 아니요: 1점
2. 요즘 들어 활동량과 관심사가 많이 줄었다.	예/아니요	예: 1점, 아니요: 0점
3. 삶이 공허하다고 생각한다.	예/아니요	예: 1점, 아니요: 0점
4. 일상생활이 지루하고 따분하다.	예/아니요	예: 1점, 아니요: 0점
5. 대부분 기분이 좋고 정신이 맑다.	예/아니요	예: 0점, 아니요: 1점
6. 무언가 나쁜 일이 일어날까 봐 근심이 된다.	예/아니요	예: 1점, 아니요: 0점
7. 나는 행복한 사람이라고 느낄 때가 대부분이다.	예/아니요	예: 0점, 아니요: 1점
8. 나는 종종 무기력하고 의지할 곳이 없다는 생각을 한다.	예/아니요	예: 1점, 아니요: 0점
9. 외출을 하거나 새로운 일을 하는 것보다 집에 있는 것이 더 좋다.	예/아니요	예: 1점, 아니요: 0점
10. 문제가 될 정도로 기억력이 떨어졌다.	예/아니요	예: 1점, 아니요: 0점
11. 지금 살아 있다는 사실이 너무 감사하다.	예/아니요	예: 0점, 아니요: 1점
12. 지금 나는 매우 쓸모없는 존재라고 생각한다.	예/아니요	예: 1점, 아니요: 0점
13. 삶에 대한 에너지가 충만하다.	예/아니요	예: 0점, 아니요: 1점
14. 나는 희망 없는 삶을 살고 있다.	예/아니요	예: 1점, 아니요: 0점
15. 대부분 나보다 형편이 낫다고 생각한다.	예/아니요	예: 1점, 아니요: 0점

총점

※참고: 《아름다운 노후를 위한 정신건강》, 조맹제, 서울대학교출판부.

※총점 5점 이상: 우울증이 의심되며 전문가와의 상담이 필요합니다.

※총점 10점 이상: 우울증으로 진단하고 치료를 시작해야 합니다.

반드시 전문가의 도움을 받아야 합니다. 앞장의 표는 노인 우울증 자가 검진표로 꼼꼼하게 체크해보십시오.

부지런한 손이 치매를 막는다

우울증과 함께 나이가 들면 많이 나타나는 또 하나의 정신 건강 문제가 치매입니다. 치매는 특정한 질병에 대한 명칭이 아니라 다양한 원인에 의해 원래는 정상이었던 뇌의 지적 기능이 저하되는 상태를 말합니다.

치매에 걸렸을 때 가장 두드러지게 저하되는 뇌의 지적 기능 중 하나가 '인지 기능'입니다. 인지 기능은 지식과 정보를 효율적으로 조작해서 처리하는 기능으로, 기억력은 대표적인 인지 기능 중 하나입니다. 치매에 걸리면 기억력이 현저히 떨어지는 것은 바로 이러한 이유 때문입니다. 기억력 외에 치매에 걸렸을 때 저하되는 인지 기능에는 일반 지능(IQ), 학습 능력, 언어 기능, 문제해결 능력, 시간 및 장소, 사람을 알아보는 지남력, 주의집중력, 판단력, 사물과 환경을 보고 느끼는 지각 능력 등이 있습니다.

치매는 장기간에 걸쳐 진행이 되는 데다 인간의 존엄성을 상실하게 하고, 가족들에게 감당하기 힘든 고통을 주는 질병이어서 대부분의 노인들이 치매에 걸리는 것을 무엇보다 두려워합니다. 그러나 아직까지 왜 치매에 걸리는지 그 원인이 명확하게 밝혀지지 않았고, 치매 증상을 완화시키거나 병의 진행을 완전히 막을 수 있는 치료법도 개발되지 않아서 치매를 피할 수 없는 운명처럼 받아들이는 사람들이 많습니다. 그러나 치매를 막는 데 효과적이라고 알려진 예방법들을 실천하면 치매에 걸릴 확률을 얼마든지 낮출 수 있습니다.

우선 치매를 예방하기 위해서는 신체적으로 건강해야 합니다. 우리의 신체와 정신은 긴밀하게 연결되어 있기에 신체적으로 이상이 생기면 치매에 걸릴 위험이 높아집니다. 따라서 건강한 식생활과 운동 등을 통해 신체 건강을 유지하는 노력을 기울이고, 특히 운동은 치매 예방에 효과적이므로 즐거운 마음으로 꾸준히 하십시오.

평소 손을 많이 움직이는 활동을 하는 것도 치매 예방에 좋습니다. 사람의 뇌는 손을 관장하는 영역이 가장 큽니다. 손을 많이 움직이면 그만큼 뇌 운동이 활발해져 치매 예방에 도움이 됩니다.

신문이나 잡지를 보거나, 책을 읽거나, 글을 쓰거나, 무엇인가를 생각하거나 외우거나 하는 등 머리를 쓰는 활동도 뇌를 활발하게 움직이도록 만들어 치매 예방에 효과적이며, 뇌세포를 파괴시키는 술과 담배를 끊는 것도 치매 예방에 많은 도움이 됩니다.

오지 탐험가이자 저널리스트인 댄 뷰트너는 여러 전문가들과 함께 세계적인 장수촌으로 널리 알려진 이탈리아의 사르데냐, 일본의 오키나와, 그리스의 이카리아 등을 돌아다니며 그곳 사람들이 오래 사는 비결을 추적 연구했습니다. 그리고 그 연구 결과를 《블루존》이라는 책에 담아 세상에 공개했는데, 그 비결이 결코 특별하지 않습니다. 그들의 장수비결은 그저 '잘' 먹고, '잘' 움직이고, '잘' 어울리고, 오늘을 '잘' 산다는 것이었습니다. 즉, 건강한 생활습관을 유지하면서 사람들과 좋은 관계를 유지하고 긍정적인 마음으로 오늘을 충실히 사는 것이 세계 장수촌 사람들의 건강비결이었습니다.

그러니 하루하루를 건강하게, 그리고 열심히 움직이는 것이 좋습니다. 그러면 얼마든지 노후를 건강하고 활기차게 보낼 수 있습니다.

가장 확실한 노후 준비,
성공적인 인간관계

영미문학의 대표작가 오스카 와일드가 쓴 《거인의 정원》이라는 동화가 있습니다. 시대를 초월해 전 세계 어린이들에게 사랑을 받아온 아동문학의 고전이지요.

이 동화에 등장하는 거인은 아름다운 정원을 가지고 있었습니다. 그래서 그 아름다움에 이끌려 거인이 오랫동안 집을 비운 사이, 매일 동네 아이들이 이곳에 놀러왔지요. 그러던 어느 날 거인이 집으로 돌아왔고, 마침 정원에서 놀고 있는 아이들을 발견한 거인은 자신의 정원에서 아이들이 시끄럽게 노는 것이 싫어 아이들을 모두 쫓아냈습니다. 그리고 얼마 지나지 않아 겨울이 찾아왔습니다. 날씨가 너무 추웠기 때문에 거인은 집에서 꼼짝도 하지 않았지요. 그런데 웬일인지 아무리 시간이 흘러도 봄이 찾아오지 않았습니다. 다른 곳은 봄이 찾아왔는데도 말이지요.

계절이 바뀌고 또 바뀌어도 여전히 거인의 집에는 봄이 찾아오지 않았고, 거인은 왜 자신의 집에만 봄이 찾아오지 않는지 궁금했습니다. 그러던 어느 날 싱그럽고 향긋한 봄 향기가 집 안으로 흘러들어 왔습니다. 오랜 시간 간절하게 봄을 기다렸던 거인은 창밖을 바라보았고, 그곳에서 여기저기 나무에 앉아 있는 아이들을 보았습니다. 담장에 뚫려 있는 구멍으로 아이들이 몰래 정원 안으로 들어온 것이지요. 그런데 이상하게도 아이들이 있는 곳만 나무에 잎이 돋고 꽃이 피어 있었습니다. 정원의 다른 곳은 여전히 추운 겨울인데 말이지요. 그 순간 거인은 왜 자신의 집에만 봄이 오지 않았는지 깨달았습니다. 그동안 자신밖에 모르고 다른 사람들을 거부했기 때문이지요.

우리네 인생도 마찬가지입니다. 동화 속 거인처럼 다른 사람이 자신의 삶의 영역으로 들어오는 것을 거부하면 그 삶이 외롭고 삭막해집니다. 즉, 인간관계는 행복한 삶의 기본입니다.

좋은 인간관계, 험담은 금물

영국의 사회운동단체인 프린시플(Principle)의 창립자 힐러리 코템은 런던 사우스워크 지역에 사는 노인들의 삶을 1년간 관찰했습니다. 그 결과, '정기적으로 만날 수 있는 친한 사람이 최소 6명이고, 일상사의 불편에서 벗어날 수 있다면 노후에도 행복할 수 있다'는 결론을 얻었습니다. 또한 미국 브리검영 대학교와 노스캐롤라이나 대학교가 8년간 30만 명을 대상으로 연구한 결과, 사회적으로 건강한 인간관계를 맺는 사람이 그렇지 않은 사람보다 평균 3.7년을 더 건강하게 오래 사는 것으로 나타났습니다. 즉, 돈처럼 눈에 보이지는 않지만 성공적으로 인간관계를 구축한 사람은 상당한 노후 준비를 한 것과 다를 바 없다고 볼 수 있지요.

이러한 인간관계에 가장 심각한 위협을 가하는 존재가 바로 '퇴직'입니다. 직장을 그만두게 되면 인간관계의 폭이 크게 줄어들기 때문입니다. 그 이유는 직장에서의 인간관계는 업무와 지위를 매개로 하고 있기 때문입니다. 즉, 일 때문에 얽힌 관계이기 때문에 직장을 그만두면 현역 시절에 알고 지냈던 사람들과 빠르게 소원해집니다.

따라서 행복한 후반 인생을 보내려면 직장생활을 하는 동안 업무와 지위를 떠나 좋은 인간관계를 형성하는 것이 중요하며, 그러려면 지위고하를 막론하고 항상 상대방을 인격적으로 존중해줘야 합니다. 또한 상대의 말을 경청하고, 신뢰를 쌓고, 먼저 배려하고 베풀고, 남의 험담을 하지 않고, 고마운 마음을 잘 표현하고, 불필요한 논쟁을 하지 않는 등 좋은 인간관계를 유지하기 위한 기본 원칙에 충실해야 합니다.

퇴직 후에도 적정 수준의 인간관계를 유지하기 위해서는 친구들과의 관계에도 관심을 기울여야 합니다. 인디언 말로 친구는 '내 슬픔을 자기 등에 지고 가는 사람'이라는 의미를 가지고 있듯 좋은 친구는 행복한 후반 인생을 보내는 데 가장 든든한 지원자이자 동반자가 될 수 있습니다.

배우자의 존재만으로도 축복이다

그러나 뭐니 뭐니 해도 행복한 노후를 위해 가장 관심을 기울여야 하는 인간관계는 바로 '가족'입니다. 가족은 나와 가장 친밀하면서 어떤 일이 있어도 나를 보호하고 경제적·정서적으로 지원을 아끼지 않는 소중한 존재이기 때문입니다. 따라서 퇴직 후 가족관계가 엉망이 되면 모든 것이 엉망이 됩니다. 특히 죽는 순간까지 내 곁을 지키면서 희로애락을 함께할 배우자와의 관계에 문제가 생기면 후반 인생을 결코 행복하게 보낼 수 없습니다. 그렇다면 퇴직 후 배우자와 좋은 관계를 유지하려면 어떻게 해야 할까요?

1년 전 정년퇴직을 한 A씨. 그는 여느 남편들과 마찬가지로 퇴직 후 아내와 함께 여행도 다니고 취미도 즐기면서 자유롭고 행복하게 노후를 보내리라 생각했습니다. 그런데 처음에는 그동안 가족들을 위해 수고한 자신에게 아내가 고마워하는 것 같더니 1년 즈음 시간이 지나자 '뭐라도 해야 하는 것 아니냐'며 눈치를 주고 집에 있는 자신을 한심하게 쳐다보는 것 같았습니다.

그때마다 돈을 벌지 못해서 무시당한다는 느낌을 받았다는 A씨. 그는 여태까지 가족들을 위해 열심히 일한 자신의 수고는 잊은 채 눈치를 주고 은근히 무시하는 아내가 야속하기만 했습니다.

A씨의 아내도 괴롭기는 마찬가지입니다. 말은 하지 않지만 퇴직 후 의기소침해진 남편을 보면 혹 신경을 건드리지 않을까 노심초사하게 되고, 남편이 집에 있다 보니 외출 한번 하는 것도 눈치가 보였습니다. 설령 어렵게 외출을 해도 남편이 신경 쓰여 서둘러 집으로 돌아오는 일이 태반이고, 혹 조금이라도 늦게 들어오면 남편이 어찌나 전화를 해서 꼬치꼬치 캐묻는지 온종일 자신만 바라보는 남편이 부담스럽고 귀찮기까지 합니다.

남편이 직장을 다닐 때는 모임도 다니고, 취미생활도 즐기고 어느 정도 시간을 짜임새 있게 쓸 수 있었는데, 지금은 끼니때마다 식사 챙기랴, 의기소침해진 남편의 기분 살피랴 무엇 하나 제대로 할 수 없어 불편하고 답답하기만 합니다.

A씨 부부의 사례는 몇몇 부부에게만 해당되는 이야기가 아니라 많은 부부가 실제 경험하는 일입니다. 남편이 퇴직하고 부부가 얼굴을 마주하는 시간이 길어지면 대부분의 부부가 A씨 부부의 경우처럼 서로의 눈치를 보고 불만이 쌓여 사사건건 부딪치고 싸우게 됩니

다. 특히 남편이 직장을 다닐 때 바쁘다는 이유로 가족에게 소홀했던 경우일수록 부부관계가 원만하지 않습니다. 여태껏 함께 시간을 보내며 서로의 감정을 솔직하게 나누고 소통하지 못했던 만큼 공통된 관심사나 대화 소재가 없어 함께 있어도 서로 딱히 할 말이 없는 데다 무엇보다도 그동안 나름대로 자신의 생활을 구축해온 아내의 입장에서는 퇴직한 남편 때문에 자신의 생활이 매이게 되니 부부 사이가 돈독해지려야 돈독해질 수가 없는 것이지요.

그런데 남편 입장에서는 '그럴 수밖에 없는' 이유가 있습니다. 퇴직을 하게 되면 남성들은 삶의 주된 영역이 직장에서 갑작스럽게 가정과 지역사회로 이동하게 됩니다. 그와 동시에 현역 시절에 알고 지내던 사람들과도 빠르게 멀어지죠. 즉, 삶의 공간과 인간관계가 축소되고, 그렇다고 새로운 일을 시작하거나 새로운 사람과 만나기도 힘들다 보니 가장 의지할 수 있는 존재가 아내가 되는 것입니다. 아내 입장에서는 자신의 삶의 영역으로 자꾸 비집고 들어오는 남편이 부담스럽지만 남편은 지금 자신이 가장 기댈 수 있는 사람은 아내이기 때문에 온종일 곁에 머무르려고 하는 것이지요.

즉, 남성들이 퇴직할 무렵은 남편의 활동 반경은 점점 가정을 중심으로 축소되고, 아내는 친목 모임, 취미, 아르바이트 등으로 활동 반경이 커지면서 역할 재정립이 필요한 시기인 것입니다. 다시 말해 부부의 생활 패턴과 역할이 전환되는 시기이기 때문에 이때를 어떻게 보내느냐에 따라 부부가 기나긴 후반 인생을 '천생연분'으로 살아갈 수도, '평생 웬수'로 살아갈 수도 있습니다. 그렇다면 후반 인생을 천생연분으로 살아가기 위해서는 어떻게 해야 할까요?

세탁기 돌리는 법을 배워라

우선 남성들은 남편은 '바깥양반'이고, 아내는 '집사람'이라는 가부장적인 사고에서 벗어나야 합니다. 이러한 사고에 사로잡혀 퇴직 후에도 여전히 집안일을 '아내의 몫'으로 여기면 좋은 부부관계를 유지하는 데 상당한 걸림돌이 됩니다. 박용주의 '고령화와 황혼이혼'이라는 칼럼을 보면 1990년대 우리 사회를 떠들썩하게 만들었던 '할머니들의 반란'이란 사례가 나옵니다. 지금으로부터 20여 년 전, 70~80대 할머니들이 가부장적인 남편에게 반기를 들고 이혼소송을 청구한 것입니다. 당시만 해도 '나이가 있으니 참고 살자'라는 분위기여서 할머니들의 황혼 이혼은 시도만으로 뉴스거리였다고 합니다.

그러나 지금 황혼 이혼은 TV 가족 드라마에 왕왕 등장하고, 황혼 이혼을 한 할머니, 할아버지를 주변에서 심심찮게 볼 수 있습니다. 실제로 통계청 조사 결과에 따르면 10년 전까지만 해도 전체 이혼

중 황혼 이혼이 차지하는 비율이 18.3퍼센트에 불과했던 것이 빠르게 상승하여 2014년에는 28.7퍼센트에까지 이르렀고, 그 주된 원인이 남편의 '가부장적인 사고방식'인 것으로 나타났습니다.

이를 반영하듯 황혼 이혼을 희망하는 쪽은 대부분 아내입니다. 그런데 우리나라 남편들의 가부장적인 사고방식은 어제오늘의 일도 아닌데, 왜 점점 '더 이상은 못 참겠다'며 황혼 이혼을 선택하는 아내들이 늘고 있을까요?

우선 대부분의 여성들이 집 안에서 살림만 하던 과거와 달리 여성의 사회 진출이 활발해지면서 남편에 대한 의존도가 낮아졌기 때문입니다. 평생 집 밖으로 나가본 적도 없고, 딱히 잘하는 것도 없어 당장 어떻게 살아야 할지 막막해 이혼을 망설이는 아내들이 점점 사라지고 있다는 의미이지요.

황혼 이혼이 증가하는 또 하나의 이유는 평균 수명이 늘어나면서 장성한 자식을 떠나보내고 부부 단둘이 살아야 하는 기간이 너무도 길어졌다는 것입니다. 서울대 노화고령사회연구소의 연구 결과에 따르면 1955년부터 1963년 사이에 태어난 베이비붐 세대가 자녀들을 독립시킨 후 부부끼리 보내는 기간이 '19.4년'이라고 합니다. 이들의 부모 세대가 자식 없이 단둘이 지내는 기간이 '1.4년'이었다는 점을 감안할 때 무려 14배나 긴 시간을 부부끼리만 지내야 하는 것이지요. 지금까지 가부장적인 남편과 산 세월도 끔찍한데 무려 20년이나 되는 세월을, 그것도 단둘이 더 살아야 한다니 아내 입장에서는 남은 인생을 남편과 부대끼며 사느니 혼자 사는 게 낫겠다는 생각이 드는 것이지요.

게다가 우리나라의 경우 대부분의 부부들이 서로에 대한 교감 없이 오로지 자식을 잘 키우기 위해 각자의 역할에 충실한 경향이 있기 때문에 자녀가 빠졌을 때의 삶에 적응하기가 쉽지 않습니다. 아직도 살아갈 날들이 많은데, 단지 자녀를 매개로 연결되어 있던 부부가 백년해로하기가 쉽겠습니까?

평균 수명이 짧아 퇴직 후 부부가 함께 보내는 시간이 얼마 되지 않았을 때는 남편이 가부장적인 사고를 가지고 살아도 크게 문제가 없습니다. 죽을 날이 멀지 않았으니, 아내들이 얼마든지 인내할 의지가 있었기 때문입니다.

그러나 평균 수명의 연장으로 퇴직하고 자녀들을 독립시킨 후에도 부부끼리 보내는 시간이 수십 년에 이르는 시대가 다가오는 지금, 과거처럼 가부장적인 사고를 가지고는 원만한 부부생활을 유지하기가 어렵습니다. 아내들이 인내심을 발휘하기에는 그 시간이 너무도 기니까요. 따라서 부부가 천생연분으로 후반 인생을 행복하게 보내려면 남편들은 반드시 가부장적인 사고를 버려야 합니다.

늘 대화하다 싸우는 부부라면

노후에 좋은 부부관계를 유지하려면 부부가 서로를 이해하려는 자세도 중요합니다. 아내는 퇴직 후 상실감과 허탈감에 힘들어하는 남편의 마음을 따뜻하게 보듬어주고, 남편은 집안일에서 벗어나 자신의 삶을 살고 싶어 하는 아내의 마음을 이해하고 공감해주면 부부 간의 행복지수를 높일 수 있습니다.

의사소통 방식도 행복한 부부관계를 위해 관심을 기울여야 하는 요소입니다. '말 한마디에 천 냥 빚을 갚는다'는 말은 부부 사이에도 통용되는 인간관계의 절대적 진리입니다. 어떻게 대화를 하느냐에 따라 부부 사이에 갈등의 골을 만들 수도 있고, 화해와 사랑의 꽃을 피울 수도 있습니다. 그렇다면 부부간의 행복지수를 높이려면 어떻게 의사소통을 해야 할까요?

가족치료의 세계적 권위자 존 가트맨 박사는 행복한 부부관계를 위해 절대 하지 말아야 할 의사소통 방식으로 네 가지를 꼽았습니다. 비난, 방어, 경멸, 담 쌓기가 그것입니다. 존 가트맨 박사는 이 네 가지 의사소통 방식은 상대에게 깊은 상처와 분노를 일으켜 갈등을 악화시키는 파괴적인 의사소통 방식이라며, 이 방식으로만 대화를 하지 않아도 부부간의 친밀감을 상실할 가능성이 작다고 했습니다.

이 중 비난은 배우자의 행동이 마음에 들지 않을 때 그 행동을 고치려는 의도로, 배우자의 인격과 성격을 공격하는 의사소통 방식이고, 방어는 배우자의 공격으로부터 자신을 보호하기 위해 자신의 책임을 부정하거나 변명하며 상대를 탓하는 것입니다.

경멸은 욕설이나 조롱, 비꼬는 말 등을 하면서 상대를 모욕하고 심리적으로 학대하는 방식이고, 담 쌓기는 말 그대로 굳은 표정으로 대화를 거부하거나 아무런 반응을 하지 않는 의사소통 방식입니다. 이들 대화 방식은 모두 배우자에게 분노, 모욕감, 혐오감, 좌절감, 거절당하는 느낌 등을 불러일으키기 때문에 행복한 부부관계를 위해서는 절대 삼가야 합니다.

오른쪽의 표는 부부 갈등을 악화시키는 네 가지 의사소통 방식을 간략하게 정리한 것입니다. 그러므로 부부가 함께 문항들을 꼼꼼히 체크해 지금 자신들의 결혼생활은 원만한지 점검해보십시오.

부부 간 의사소통 점검표

각자 배우자와 갈등이 생겼을 때 주로 어떤 반응을 보이는지 떠올려보세요. 그런 다음 문항들을 읽고 부부 각자에게 해당되는 점수를 기록한 후, 배우자와 자신의 의사소통 유형별 점수와 총점을 비교해 보세요.

1점: 전혀 그렇지 않다.　　**2점: 별로 그렇지 않다.**　　**3점: 보통이다.**
4점: 대체로 그렇다.　　**5점: 매우 그렇다.**

유형	문항	점수
비난	1. 길게 잔소리를 한다.	
	2. '당신은 맨날~, 한 번도~, 절대~'라는 식으로 말한다.	
	3. 배우자가 잘못한 것을 알아야 한다는 말투로 얘기한다.	
	4. 질문 형식으로 따진다. (ex. 너무한 것 아냐?, 이것도 못해줘?)	
경멸	5. 경멸하는 표정을 짓는다. (ex. 코웃음 치기, 한심스럽다는 눈빛)	
	6. 욕설과 모욕감을 주는 말을 한다. (ex. 정 떨어진다, 멍청하다)	
	7. 이혼 또는 별거를 하자고 위협한다.	
	8. 배우자를 무시하거나 비꼬는 말투로 말한다.	
방어	9. 배우자가 하는 말에 변명하거나 거짓말을 한다.	
	10. 내 입장만 반복해서 설명한다.	
	11. 배우자의 말에 '모두 당신 때문'이라고 하면서 나무란다.	
	12. 배우자의 말에 '그게 뭐 그리 대수냐'고 하면서 따진다.	
담 쌓기	13. 대화하지 않겠다는 신호를 보낸다. (ex. TV 음량 높이기, 자리를 박차고 나가기)	
	14. 굳은 표정으로 침묵한다.	
	15. 한숨을 크게 쉬면서 '말이 통하지 않는다'라고 말한다.	
	16. 배우자의 말에 '그러면 혼자서 잘해봐'라고 한 뒤, 차갑게 대한다.	

※참고: 〈가족 행복 업그레이드〉, 윤성은, 코리아닷컴.

부부관계를 회복시키는 '이마고 대화법'

반면 심리학자이자 부부 치료 전문가인 하빌 핸드릭스 박사와 그의 아내 헬렌 헌트 박사가 개발한 '이마고 대화법'은 이혼 위기의 부부 10쌍 중 9쌍의 관계를 회복시켰다는 임상 결과가 있을 정도로 부부의 행복지수를 높이는 효과적인 의사소통 방식입니다.

이마고 대화법은 총 3단계로 이루어지는데, 첫 번째 단계는 '반영 (mirroring)'입니다. 상대가 한 말의 의도를 잘 파악하기 위해 경청하고, 그 말을 그대로 반복해주는 것입니다. 예를 들면 다음과 같습니다.

> **아내:** 어제 당신이 빨래는 빨래통에 넣기로 약속했는데, 오늘 보니 벗어놓은 옷이 방바닥에 그대로 있더라고요.
>
> **남편:** 당신 말은 어제 내가 빨래는 빨래통에 넣기로 약속했는데, 오늘 보니 벗어놓은 옷이 방바닥에 그대로 있었다는 말이지요. 내가 당신의 말을 제대로 이해했나요? (반영)

두 번째 단계는 '인정(validation)'으로, 상대의 입장에서 그 감정을 인정해주는 것입니다. 이때 상대의 말이 잘 이해되지 않을 때는 더 자세하게 설명해달라고 요청하고, 마지막에는 반드시 자신이 상대의 말을 잘 이해했는지 확인해야 합니다.

남편: 내가 어제 빨래를 빨래통에 넣기로 약속했는데 그렇게 하지 않았으니 당신 입
장에서는 그렇게 말할 수 있겠네요. 내가 당신의 말을 잘 이해했나요? (인정)

세 번째 단계는 '공감(empathy)'으로, 보다 적극적으로 상대의 감정을 함께 느끼는 것입니다. 즉, 반영과 인정은 그저 상대의 생각에 동의하고 차이를 있는 그대로 인정하는 것이라면 공감은 상대의 입장과 감정을 이해하는 단계를 넘어 자신의 문제로 받아들이는 것이라고 할 수 있습니다.

남편: 내가 빨래통에 빨래를 넣기로 한 약속을 지키지 않았을 때, 당신이 서운했을
것이라고 생각해요. 당신이 회사에 나가고 아이들 챙기고 집안일까지 하느라
얼마나 힘들었을까 생각하니, 내 마음도 좋지 않네요. (공감)

이처럼 이마고 대화법은 상대를 비난하거나 비판하지 않고 상대의 말을 그대로 수용하고 교감하게 함으로써 부부 갈등을 해소하는 효과를 가져옵니다.

이외에도 부부가 함께 할 수 있는 취미활동을 만드는 것도 부부관계를 회복하는 데 효과적인 방법입니다. 취미활동을 함께 하다 보면 자연스럽게 공통 화제가 생기고, 대화가 늘면서 서로를 이해하는 폭도 넓어지니까요. 자주 전화하기, 함께 산책이나 운동하기, 생일·

결혼기념일 챙기기 등 부부만의 크고 작은 이벤트를 만드는 것도 부부관계 회복에 큰 도움이 되니, 참고하세요.

부모는 자녀의 조력자일 뿐이다

행복한 노후를 위해 부부관계 못지않게 신경 써야 하는 가족관계가 바로 자녀와의 관계입니다. 그러나 남성들이 퇴직할 즈음에는 부부만큼이나 좋은 관계를 유지하기 힘든 것이 자녀입니다. 왜냐하면 이 시기가 되면 대부분 청소년기를 지나 한 사람의 성인으로서 자신만의 길을 가기 시작하는 시기이기 때문입니다.

특히 직장생활을 하느라 자녀들과 거의 시간을 보내지 못했던 경우는 더욱 관계 회복이 어렵습니다. 자녀와 함께한 시간이 부족한만큼 어떻게 소통을 해야 하는지 서툴고 어색하기 때문입니다. 이런 상황에서 아버지가 회사에서 부하 직원 대하듯 지시하듯 말하면 더욱 소통이 힘들어지고 사소한 일로 오해와 갈등이 생기기 쉽습니다.

아이가 어렸을 때부터 많은 시간을 보내면서 공감대와 친밀감을 쌓았다면 이보다 더 좋은 일은 없을 것입니다. 그러나 과거를 후회한들 무슨 소용이 있겠습니까?

하지만 자녀와의 관계 회복은 어떤 노력을 해도 소용없는 '엎질러진 물'은 아닙니다. 자녀와의 관계 회복을 위해 최선을 다하면 얼마든지 관계지수를 높일 수 있습니다. 전화, 문자, 쪽지 등 어떤 방법으로든 진심으로 자녀에게 가지고 있는 미안함과 고마움을 표현하고, 자녀의 이야기를 비난하거나 비판하지 않고 경청하며, '칭찬은 고래도 춤추게 한다'는 말이 있듯 평소 칭찬과 격려, 사랑의 말을 아낌없이 표현해주면 자녀와의 소통을 가로막는 벽을 허무는 데 많은 도움이 됩니다. 또한 가족만의 이벤트를 갖는 것도 자녀와의 관계를 회복하는 데 효과적입니다. 그 이벤트가 꼭 거창할 필요는 없습니다. 한 달에 한 번이라도 가족이 함께 식사를 하거나 산책을 하는 등 가족과 일상을 함께 공유하고 소통하는 문화를 만들면 가족 간의 소속감과 친밀감 등을 가질 수 있어 자녀와의 관계지수를 높일 수 있습니다.

아울러 자녀에게 강한 모습만 보이려 하기보다는 약한 모습을 보이는 것을 두려워하지 말아야 합니다. 왜냐하면 자녀는 부모의 인간적인 모습을 대할 때 마음을 열고 다가오기 때문입니다.

마지막으로 행복한 노후를 위해 자녀와의 관계에 있어 절대 잊지 말아야 할 한 가지가 있습니다. 부모로서 자녀를 지원하는 것은 당연한 일이지만 과도하게 에너지를 쏟아서는 안 된다는 것입니다. 자녀에 대한 과도한 몰입은 부모뿐만 아니라 자녀의 성장과 발달에 전혀 도움이 되지 않습니다. 자녀가 20대에 접어들면 자녀가 홀로 서기를 할 수 있도록 적절한 거리를 두고 부모가 자녀에게 해줄 수 있는 것과 없는 것의 한계를 명확히 해야 합니다.

이렇듯 친밀하지만 자녀를 존중하고 필요 이상의 도움은 주지 않는 관계를 유지할 때 부모는 물론 자녀의 삶 또한 의미 있고 행복해질 수 있습니다. 잊지 마세요. 자녀의 인생은 자녀의 것이며, 부모는 자녀가 그 인생을 홀로 서서 걸어갈 수 있도록 응원하고 지지해주는 조력자 역할이면 충분합니다.

아름다운 성숙을 위한
정신과 마음의 힘

언젠가 한 예능 프로그램에 49세의 한 여성이 출연해 세간의 화제를 모은 적이 있습니다. 그녀가 세상의 주목을 받았던 이유는 20대라고 해도 믿을 정도로 젊어 보이는 외모 때문이었습니다. TV에 출연할 당시 그녀는 자신의 젊음의 비결을 선보이며 그곳에 있던 사람들의 부러움과 질투를 샀습니다.

그런데 이 예능 프로그램뿐만 아니라 다른 방송 채널에서도 최고의 동안, 몸짱이라며 소개되는 사람들이 부지기수입니다. 그만큼 사람들이 나이보다 젊어 보이는 것에 관심이 많다는 것이지요. 그런데 동안, 몸짱 열풍에 휩쓸리다 보니 마치 '신체적으로 젊고 건강함을 잘 유지하는 것'이 곧 '나이를 잘 먹는 것', 즉 '성공적인 노화'라고 생각하는 경우가 많습니다.

그러나 성공적인 노화는 단순히 신체적으로 젊고 건강함을 잘 유지하는 것을 의미하지 않습니다. 정신과 마음까지도 젊고 건강해야 진정으로 성공적인 노화라고 얘기할 수 있습니다. 분명 신체적 건강은 행복한 후반 인생을 사는 데 가장 큰 밑거름이 되지만 정신과 마음이 젊고 건강하지 않으면 오래 살기만 할 뿐 삶의 의미와 가치를 찾기 어렵습니다.

게다가 앞으로 다가오는 장수시대는 세상의 모든 것이 불확실하고 빠르게 변화하며 치열한 경쟁을 해야만 생존할 수 있는 시대입니다. 이러한 환경에 잘 적응하기 위해서는 젊고 건강한 정신과 마음이 무엇보다 중요합니다. 특히 시간이 갈수록 점점 더 개인 중심적인 사회로 변화하고, 그로 인한 고립감과 고독감도 극심해지기 때문에 젊고 건강한 정신과 마음은 이러한 위기를 극복하는 원동력이 됩니다. 그렇다면 정신과 마음이 젊고 건강하다는 것은 무슨 의미일까요?

젊은 정신, 건강한 마음 갖는 법

그 의미는 매우 폭넓습니다. 우선 노인과 노화, 나이에 대한 편견 없이 적극적으로 자신이 하고 싶은 일을 하며 사는 것을 정신과 마음이 젊고 건강하다는 의미로 받아들일 수 있습니다.

KFC를 창업한 할랜드 샌더스는 65세에 파산 직전까지 갔다가 나이에 연연하지 않고 단돈 105달러를 가지고 자신이 하고 싶었던 패스트푸드 사업을 시작해 KFC를 세계적인 패스트푸드 외식업체로 키워냈습니다. 68세에《안젤라의 재》로 퓰리처상을 수상한 미국 작가 프랭크 매코트 역시 오랜 세월 교사생활을 하다 60세가 넘어서야 평생 꿈꾸었던 글쓰기를 시작했습니다.

많은 사람들이 '이 정도 나이를 먹었으니 이제 그만해야지'라고 나이에 연연하며 어떤 일을 하는 것을 주저하거나 포기합니다. 그러나 후반 인생을 행복하게 보내려면 나이가 들고 늙어가는 것을 자연스럽게 받아들이되, 나이에 얽매이지 않고 자신이 하고자 하는 일을 하며 즐겁게 살아가는 것이 중요하며, 이것이 곧 성숙한 노화입니다.

정신과 마음이 젊고 건강하다는 것은 새로운 것을 두려워하지 않고 도전하는 것을 말하기도 합니다. 미국의 41대 대통령인 조지 부시 전 대통령은 그 대표적인 예로, 그는 90세의 나이에 6,300피트 상공에서 스카이다이빙에 도전해 성공을 했습니다. 그것도 파킨슨병으로 두 다리를 쓰지 못하는 상황에서 말이지요. 정신과 마음이 젊고 건강하지 않으면 이처럼 위험하기까지 한 새로운 일에 도전하는 것은 불가능하겠지요.

힘이 닿는 데까지 자기가 할 일을 직접 하는 것도 정신과 마음이 젊고 건강하다고 볼 수 있습니다. 나이가 들면 사소한 일도 남에게 의존하려는 경향이 강해집니다. 그러나 이러한 생활이 지속되면 습관으로 굳어지고, 결국 자신이 할 수 있는 여러 가지 능력이 점점 퇴화하게 됩니다. 특히 뇌와 근육량이 줄어들어 되레 노화를 촉진시키지요. 그러므로 체력적으로 자신이 감당할 수 있는 범위 내에서 자신이 할 수 있는 일을 최대한 스스로 하려는 자세를 가져야 합니다. 자신의 힘으로 충분히 할 수 있는 일임에도 불구하고 다른 사람에게 의존하는 사람은 결코 정신과 마음의 측면에서 젊고 건강하다고 볼 수 없습니다.

고독감을 회피하지 않거나 두려워하지 않고 있는 그대로 받아들이고, 그 고독의 시간을 자신을 되돌아보고 성찰하는 시간으로 삼는 것도 정신과 마음이 젊고 건강하다고 할 수 있습니다.

나이가 들면 깊은 고독감을 느끼게 됩니다. 사회 일선에서 물러나고, 주변에 있던 소중한 사람들이 하나 둘씩 세상을 떠나는 등 많은 상실을 경험하기 때문입니다. 따라서 취미나 종교 활동을 하거나 다른 사람과 어울리며 고독을 극복하려는 나름의 노력도 중요하지만 이는 근본적인 해결책이 아니므로 내면적 성숙을 통해 고독을 궁극적으로 해소하려는 노력이 필요합니다.

고독은 다른 일을 하고 다른 사람의 위로를 받는다고 해서 사라지지 않습니다. 원래 인간은 혼자 태어나 혼자 죽는 고독한 존재입니다. 고독과 함께 생을 마감하는 것이 정해진 운명이라고 받아들이는 마음가짐이 노후에 찾아오는 고독을 견디는 데 훨씬 도움이 됩니다. 그리고 이러한 마음가짐을 가지면 그 고독 속에서 자신을 발견할 수 있는 기회를 얻게 됩니다. 나는 어떤 인간인지, 어떻게 태어났고, 그 삶에는 어떤 의미가 있는지 등을 깨닫게 되는 것이지요.

일부 학자들이 21세기 노인들의 최대 과제는 고독을 극복하는 것이라고 얘기할 정도로 노후에 고독과 함께 지낸다는 것은 가장 많은 용기를 필요로 하는 일입니다. 2부에서 만난 김형석 교수도 오랜 세월 철학을 공부하며 고독에 단련되어 있음에도 불구하고 가장 감당하기 힘든 일이 고독을 견디는 것이라고 했습니다. 따라서 고독을 해결하기 위해서는 외부에서 그 방법을 찾을 것이 아니라 개인의 내면적 성숙을 통해 스스로 풀려는 노력이 중요합니다. 이러한 정신적인 태도와 마음가짐을 가질 때 불쑥불쑥 찾아오는 고독 앞에서 무너지지 않고 후반 인생을 건강하고 행복하게 보낼 수 있습니다.

새로운 것을 배우는 것을 멈추지 않는 것도 정신과 마음의 측면에서 젊고 건강하다는 의미로 받아들일 수 있습니다. 많은 사람들이 나이를 먹으면 지적 능력과 학습 능력이 떨어진다고 생각하여 새로운 것을 배우고 공부하는 것을 주저하거나 포기합니다. 물론 나이가 들면 젊었을 때보다 새로운 것을 배우는 데 많은 시간이 소요됩니다.

그러나 새로운 것을 습득하는 일이 불가능한 것은 아닙니다. 다만 좀 더 시간이 걸릴 뿐 얼마든지 새로운 것을 배울 수 있습니다. 중요한 것은 포기하지 않고 오랜 시간이 걸리더라도 자신의 속도에 맞춰 즐거운 마음으로 천천히 연습하고 공부하는 것입니다. 젊은이들을 따라가지 못한다는 자괴감에 빠지지 않고 안 되거나 못하는 것이 아니라 단지 시간이 좀 더 필요하다는 마음을 가지면 나이가 들어도 새로운 것을 배우는 데 전혀 문제가 없습니다.

욕심에서 자유로워지는 것도 정신과 마음의 측면에서 젊고 건강하다는 의미일 수 있습니다. 자신의 능력 밖 목표를 설정해놓고 힘들어하는 고령자들이 의외로 많습니다. 이런 경우 성취감보다는 좌절감을 맛볼 가능성이 크기 때문에 목표를 재설정해야 하며, 노후에는 이런 헛된 욕망과 아집, 집착에서 자유로워져야 스트레스를 덜받고 행복해질 수 있습니다.

자신이 쌓아온 능력과 지혜를 기꺼이 다음 세대의 성장과 발전을 위해 활용해야 한다는 사회적 책임의식을 갖는 것도 정신과 마음이 젊고 건강하다는 의미입니다. 나이가 들면 부모 세대로서 다음 세대가 더 좋은 세상에서 살아갈 수 있도록 관심을 갖고 나눔을 실천해야 한다는 사회적 책임감을 가져야 합니다. 진정한 어른은 내 자식의 행복에만 집중하는 것이 아니라 다음 세대의 행복에 관심을 갖고 이끌어주고 베푸는 존재로, 정신과 마음 측면에서 이렇게 나이가 들어갈 때 행복하고 의미 있는 인생을 살 수 있습니다.

봉사활동 또한 몸과 정신의 건강을 지킬 수 있는 좋은 활동입니다. 규칙적으로 봉사를 하는 사람은 자신감과 행복이 차오른다고 입을 모아 말합니다. 2장에서 봉사활동을 꾸준히 해온 분들의 이야기를 들어보면 작은 도움으로 타인이 행복해지는 모습을 보게 될 때 무엇과도 바꿀 수 없는 보람을 느끼고 있다고 합니다. 어린이 방과후 교사, 미용봉사, 급식봉사, 장애인 목욕봉사 등 그동안 사회생활을 하며 갈고 닦은 지식과 기술을 타인에게 베푸는 활동은 금전적인 이득 이상으로, 직장생활보다 더 큰 행복과 기쁨을 가져다줬다고 이야기합니다. 적당한 노동과 규칙적인 야외활동을 통해 몸이 건강해지는 것은 물론 자신감 회복과 정신 건강에도 큰 도움이 됩니다.

마지막으로 죽음을 싸워 이겨야 하는 극복의 대상이 아니라 삶의 일부로 받아들이는 것 또한 중요합니다. 대부분의 사람들이 인간은 누구나 죽는다는 것을 너무도 잘 알면서도 자신의 일로 받아들이지 못합니다. 죽음은 그저 두렵고 회피하고 싶은 존재이기 때문입니다. 그러다 보니 나이가 들고 죽음이 가까워질수록 앞으로 맞이하게 될 죽음에 대한 공포와 두려움이 극심해지는데, 그 정도가 사람마다 다릅니다.

죽음에 대해 미리 준비하고 받아들이는 사람은 죽음에 대한 두려움을 덜 느끼며 비교적 편안한 상태에서 세상을 떠나게 됩니다. 그에 반해 그렇지 않은 사람들은 죽음에 대한 두려움을 끝내 떨쳐버리지 못하고 삶을 정리하지 못한 채 마무리합니다. 따라서 노후를 행복하게 보내려면 죽음을 어떻게 받아들이고 어떻게 준비할 것이냐가 매우 중요합니다. 죽음은 피하고 이기려고 안간힘을 써도 언젠가 나에게 다가오는 존재이므로 이를 부정하고 거부하기보다는 삶의 일부이자 완성으로 받아들이면 한결 평안하고 여유로운 마음으로 마지막을 마무리할 수 있습니다.

1,000명의 고령자들을 10년간 관찰한 한 연구 보고에 의하면 성공적인 노화는 질병과 장애가 없고, 신체적·정신적으로 건강한 상태를 유지하며, 인생 참여를 지속하는 것이라고 했습니다. 이러한 성공적 노화는 유전이나 부, 행운에 의해 좌우되는 것이 아니라 스스로 선택하고 노력해서 성취하는 것이라고 강조했습니다.

결국 후반 인생을 성공적인 노화로 만드느냐 아니냐는 자신의 노력에 달렸고 자신의 책임이 가장 크다고 볼 수 있습니다. 따라서 후반 인생을 성공적인 노화로 만들려면 신체적으로 젊고 건강함을 유지할 수 있도록 노력하는 것도 중요하지만 정신과 마음이 젊고 건강함을 유지할 수 있도록 최선을 다해야 합니다. 젊고 건강한 정신과 마음은 행복한 노후를 위해 필수이며, 우리가 이 세상을 떠날 때를 위한 가장 큰 선물입니다.

노후행복 레시피

초판 1쇄 2015년 11월 16일
    3쇄 2016년 6월 18일

지은이 ㅣ 박용주, 한국노인인력개발원

발행인 ㅣ 이상언
제작책임 ㅣ 노재현
편집장 ㅣ 서금선
마케팅 ㅣ 오정일 김동현 김훈일 한아름

진행 ㅣ 이정혜
구성 ㅣ 김현숙
디자인 ㅣ 디박스

펴낸 곳 ㅣ 중앙일보플러스(주)
주소 ㅣ (04517) 서울시 중구 통일로 92 에이스타워 4층
등록 ㅣ 2007년 2월 13일 제2-4561호
판매 ㅣ (02) 6416-3917
제작 ㅣ (02) 6416-3950
홈페이지 ㅣ www. joongangbooks.co.kr
페이스북 ㅣ www.facebook.com/hellojbooks

ISBN 978-89-278-0692-9 03320

* 이 책은 저작권법에 따라 보호받는 저작물이므로 무단 전재와 무단 복제를 금하며 이 책 내용의 전부 또는 일부를
  이용하시려면 반드시 저작권자와 중앙일보플러스(주)의 서면 동의를 받아야 합니다.
* 책값은 뒤표지에 있습니다.
* 잘못된 책은 구입처에서 바꿔 드립니다.

중앙북스는 중앙일보플러스(주)의 단행본 출판 브랜드입니다.